Piet van Breemen

Was zählt, ist Liebe

Piet van Breemen

Was zählt, ist Liebe

Exerzitien für den Alltag

Herder
Freiburg · Basel · Wien

Zweite Auflage

Umschlaggestaltung: Finken & Bumiller, Stuttgart
Umschlagmotiv: © Tony Stone

Alle Rechte vorbehalten – Printed in Germany
© Verlag Herder Freiburg im Breisgau 1999
Satzbearbeitung: Fotosetzerei G. Scheydecker, Freiburg i. Br.
Druck und Bindung: Freiburger Graphische Betriebe 1999
Gedruckt auf umweltfreundlichem,
chlor- und säurefrei gebleichtem Papier
ISBN 3-451-26863-9

Inhalt

Vorwort

Viele sind auf der Suche nach der Mitte, aus der heraus der Mensch sich authentisch und ganzheitlich verwirklichen kann. Der zweckrationale Zugang zur Wirklichkeit wird allenthalben als unzulänglich empfunden. Es muß doch noch mehr geben im Leben, soll es wahrhaft sinnvoll und erfüllt sein. Bei dieser Suche investieren manche sehr viel an Zeit, Energie und auch Geld. Oft scheuen sie dabei auch exotische Pfade und Quellen keineswegs, fühlen sich davon sogar besonders angezogen. Der Reichtum christlicher Spiritualität und Lebenshilfe wird oft übersehen. Vielleicht deshalb, weil der christlich spirituelle Weg zu verbindlich erscheint, den ganzen Menschen einfordert und ein wirklicher Weg ist, der konsequent gegangen sein will? Und doch: Jede(r) wahrhaft Suchende(r) hält Ausschau nach Orientierung und Sinn, die ein ganzes Leben lang tragen, nicht nur für den Augenblick. Auch wenn Christen hinter ihren eigenen Idealen oft weit zurückbleiben, gibt es zu jeder Zeit und vielerorts Menschen, die aus dem christlichen Glauben, aus der christlichen Lebenssicht der Liebe, der Barmherzigkeit, des Vertrauens, der Versöhnung ein Leben in Echtheit und Fülle verwirklichen, wie Jesus es gelebt und den Menschen versprochen hat. Es schmerzt mich als Christ, daß es uns so wenig gelingt, diesen lebensschaffenden Schatz als solchen zu empfinden und anderen zugänglich zu machen.

1998 habe ich eine Exerzitienwoche gehalten mit der Gemeinschaft der Benediktinerinnen der Abtei St. Hildegard in Eibingen. Mit diesem Buch möchte ich die Lebens-

und Glaubensthemen dieser Exerzitien religiös Suchenden zugänglich machen. Mein Anliegen dabei ist es, einerseits die Tiefe und Verläßlichkeit christlicher Glaubenserfahrung in Worte zu bringen, die aus dem Herzen kommen, und sie so darzustellen, daß auch Menschen, denen Kirchliches fremd (geworden) ist, nicht das Empfinden haben müssen, vereinnahmt zu werden. Eine Begegnung auf dem Weg – so verstehe ich dieses Buch, nicht mehr, aber auch nicht weniger.

Wer sich mit dieser Art Lektüre vertraut fühlt, wird gebeten, gelegentlich Bekanntes in Kauf oder sich noch einmal zu Herzen zu nehmen. Wer meine früheren Bücher kennt, wird einiges in veränderter Form wiedererkennen. Was hier gesagt wird, ist gedacht und gesagt aus dem Glauben, daß Gott uns so, wie wir sind, bedingungslos liebt und uns ermutigt zu werden, wer wir sein können. Wer meint, dieser Gott sei ein Gott der Toten, nicht der Lebenden, möge den Gedanken zulassen, sich zu irren – so Jesus zu den Sadduzäern (vgl. Markus 12,27).

Beim Schreiben dieser zwölf Kapitel ist in mir die Hoffnung gewachsen, daß sie vielen Menschen eine Hilfe sein mögen, der Quelle des Lebens näherzukommen.

Aachen, Weihnachten 1998　　　　　　　　　　*Piet van Breemen SJ*

1

„Stell dich vor mich hin!"

Wir suchen Gott, sonst würden wir wohl nicht nach diesem Buch greifen. Aber *er* sucht und liebt uns noch viel mehr und viel grundlegender, sonst wären wir überhaupt nicht. In seinem Apostolischen Schreiben zur Jahrtausendwende „Tertio Millenio Adveniente" hat Johannes Paul II. immer wieder betont: Gott ist auf der Suche nach den Menschen – dies zieht sich wie ein roter Faden durch seinen Brief.

In allen großen Religionen finden wir das Leitmotiv: der Mensch auf der Suche nach Gott. Die Suche Gottes nach dem Menschen dagegen bekommt im Christentum eine unüberbietbare Dichte, weil das Wort Gottes Mensch geworden ist. Diese Sehnsucht Gottes nach den Menschen durchzieht die ganze Bibel. Einen schönen Text finden wir bei Hosea 2,16. Es ist ein Text, der zu Israel gesprochen wird. Wenn wir als Christen die Schrift als Quelle des Gebetes nehmen, dann gilt das Prinzip, daß das, was im Alten Testament zu Israel oder zu Juda, zu Jerusalem oder zu Zion gesagt wird, auch für uns heute gilt. Ich kann es hören als mir persönlich gesagt. Damit öffnet sich die Schrift weiter, sie wird aktuell.

Bei Hosea spricht Gott zu Israel: „Darum will ich selbst sie verlocken. Ich will sie in die Wüste hinausführen und sie umwerben." Das Wort „umwerben" ist eine sehr gelungene Übersetzung. Ich habe es in keiner Bibelübersetzung sonst gefunden. Umwerben! Das tut ein junger Mann mit dem Mädchen seiner Träume. Er läßt sich alles Mögliche und selbst noch etwas Unmögliches einfallen, um ihre Aufmerksamkeit, ihre Zuneigung und ihre Liebe zu gewinnen. Genau so zeigt sich nun unser Gott. Er führt uns hinaus in die Wüste und umwirbt uns. Unsere Liebe bedeutet ihm sehr viel. Ähnlich heißt es im Hohenlied 7,11: „Ich gehöre meinem Geliebten, und ihn verlangt nach mir." Gott verlangt nach mir! Man kann Tage mit diesem Wort verbringen: Er verlangt nach mir. Und wie gesagt: Dies ist einzigartig biblisch. „Du brennender Gott in deiner Sehnsucht" – hat Mechthild von Magdeburg es ausgedrückt.

Wer Exerzitien im klassischen Sinn oder sogenannte Exerzitien im Alltags beginnt, hat damit eine Wahl für Gott getroffen, sonst würde er keine Exerzitien machen. Aber im Laufe der Exerzitien oder der Stunden der Besinnung werden ihm die Konsequenzen dieser Wahl nochmals tiefer und klarer aufgehen. Da geht es dann darum, Gott aufs Neue zu wählen, immer wieder aufs Neue sich ihm zuzuwenden, sich ihm hinzuhalten. Das führt zu Überraschungen, die in einem Gebet wie diesem zum Ausdruck kommen:

„Gott, ich staune über deinen Wunsch, mit mir Gemeinschaft zu haben, mich als Gegenüber zu wählen, es mit mir aufnehmen zu wollen. Ich staune, daß ich gemeint bin mit deiner Liebe. Ich hatte die Hoffnung aufgegeben, von jemandem so angesprochen zu werden. Und jetzt wählst du mich und sagst mir, daß ich dir nicht gleichgültig bin. Staunend erlebe ich mich selbst anders durch deine Wahl. Ich lerne mich neu schätzen. Ich sehe meinen unverwechselbaren Wert erst recht, wenn ich mich mit deinen Augen ansehe."

Das 34. Kapitel des Buches Exodus im Alten Testament erzählt von einer besonderen Begegnung des Mose mit Gott auf dem Berg Sinai. Es war nicht die erste Begegnung dieser Art (vgl. Exodus 24). In seinem glühenden Zorn über das goldene Kalb, das Götzenbild seines Volkes, hatte Mose die Bundestafeln, die er von Gott empfangen hatte, zerschmettert. Jetzt heißt es in Exodus 34,1:

„Der Herr sprach zu Mose..." Gott selber ergreift die Initiative. Er überläßt Mose nicht seiner Enttäuschung über das störrische, wankelmütige Volk, sondern lädt ihn ein, ruft ihn auf. So wie Gott auch Adam nach dem Sündenfall die Hand ausstreckte: „Adam, wo bist du?" (Genesis 3,9). Als Adam sich versteckt und verkriecht, nimmt Gott die Initiative zu einem erneuten Kontakt; er läßt ihn nicht in seiner Schuld und Scham verkümmern. So ist es auch bei Exerzitien und all unseren geistlichen Übungen im Alltag: Gott ergreift die Initiative. Er ruft mich zu einer befreienden Erfahrung. Auch wenn ich selber die Zeiten der Meditation, des Gebetes, der Stille vor ihm gewählt und geplant habe, hat er in meiner Initiative und durch sie hindurch doch schon selber gewirkt. Er sucht mich; er will diese Begegnung.

Gott gibt dem Mose den Auftrag, zwei steinerne Tafeln zu hauen, auf denen Gott die Worte schreiben wird, die auf den ersten Tafeln standen. Da sehe ich eine zweite Parallele zu dem, der sich freie Räume und Zeiten schafft auf Gott hin mitten in seinem Alltag. Er trifft Vorbereitungen und öffnet sich für die Innenseite seines Lebens. Aber das Eigentliche tut Gott. Exerzitien fordern etwas vom Menschen, einen Einsatz. Aber das Wesentliche wirkt Gott. Das ist sehr beruhigend. Denn Glaube und Glaubenspraxis sind keine Leistung und sollen keine riesige Anstrengung sein, sondern vor allem ein Geschehen-Lassen, ein Offen-Sein, ein Empfangen. Exerzitien nach Ignatius von Loyola sind „das Geheimnis von Gottes Wirken im Menschen". Die wichtigste Bedingung dafür ist, daß der Mensch Gott wirklich freie Bahn läßt, damit er wirken kann.

Ich bin überzeugt: Wenn Exerzitien oder geistliche Übungen, wenn Gebete und Meditationen als wenig fruchtbar erlebt werden, dann meist deshalb, weil der Mensch zuviel getan hat. Dieses Zuviel kann auf zwei Weisen geschehen. Es kann sein, daß ich versuche, eine Gotteserfahrung gleichsam zu erzwingen, krampfhaft, fast mit Gewalt. Dann tue ich wahrlich zuviel und blockiere Gottes Wirken.

Die andere Weise, in der ich „des Guten" zuviel tun kann und damit meine Exerziten ein Stück weit unfruchtbar mache, ist die, daß ich allerhand in die Exerzitien hineinschiebe, was ich meine noch erledigen zu müssen und wofür ich zuvor keine Zeit gehabt habe, jetzt aber eine günstige Gelegenheit dafür sehe. Das, was liegengeblieben ist, das kann ich jetzt endlich nachholen.

Man sollte erst gar nicht versuchen, die Zeit der Exerzitien „produktiv" zu machen. Ein solches Ansinnen ist eine Versuchung. „Wer seine Seele verliert, wird sie finden" – sagt Jesus. Oder genauer: „Wer seine Seele um meinetwillen verliert, wird sie finden." Ähnlich könnte man sagen: Wer seine Zeit um meinetwillen verschwendet, der wird merken, daß gerade dies die kostbarste Zeit wird. Aber da muß ich sie wirklich um seinetwillen verschwenden und der Versuchung widerstehen, sie produktiv machen zu wollen, in welcher Weise auch immer.

Im Alten Bund schreibt Gott auf steinerne Tafeln. Aber schon im Alten Testament, bei Jeremia 31, wird der Neue Bund angekündigt, in dem Gott nicht mehr auf steinerne Tafeln schreibt, sondern auf Menschenherzen. „Denn das wird der Bund sein, den ich nach diesen Tagen mit dem Haus Israel schließe – Spruch des Herrn: Ich lege mein Gesetz in sie hinein und schreibe es auf ihr Herz. Ich werde ihr Gott sein, und sie werden mein Volk sein."

Paulus greift dieses Bild auf im 3. Kapitel des 2. Korintherbriefs, wo er die Gemeinde und damit auch uns einen „Brief Christi" nennt, „nicht mit Tinte geschrieben, sondern mit dem Geist des lebendigen Gottes, nicht auf Tafeln aus Stein, sondern in Herzen von Fleisch". Also müssen wir keine steinernen Tafeln hauen und bereit machen – das wäre auch wohl ein bißchen umständlich. Statt dessen gilt es, unser Herz bereit zu machen. Dies könnte jedoch viel schwieriger sein: mein Herz öffnen und stillhalten, damit er seine Worte, seine Botschaft in mein Herz schreiben kann. Mein Herz öffnen. Beten heißt immer: mit offenem Herzen und mit offenen Händen vor Gott sein.

Ich mag das Bild von den offenen Händen. Im Laufe der Jahre oder der Jahrzehnte haben wir alle vieles gesammelt, vielleicht mit großer Mühe, und das halten wir jetzt in unserer Faust wie einen Besitz, den es zu bewahren gilt. Das mögen manche materiellen Dinge sein, die das Leben etwas angenehmer, bequemer und moderner machen. Aber es gehören ebenso Gedanken und Meinungen, Überzeugungen und Ideen dazu, die in mir selber gewachsen sind oder die ich von anderen übernommen habe, Prinzipien, die ich mir zu eigen gemacht habe; ebenso Beziehungen, die mir viel bedeuten. Auch: meine Arbeit, meine Termine, mein Kalender, meine Stelle und mein Ruf, mein Einfluß und vieles andere mehr. An all dem halte ich fest. Ich gebe es nicht einfach her. Daran darf niemand rühren. Denn es hat mich Mühe genug gekostet, all dies aufzubauen.

Aber – wenn ich nun bete, dann geht die Hand auf. Ich muß sie nicht leer machen. Es geht vielmehr darum, daß ich die Hände öffne und mit offenen Händen vor Gott verweile, ihm alles hinhalte und ein bißchen Geduld habe. Denn Gott selbst hat viel Geduld. Nach einiger Zeit kommt er vorbei und schaut, was ich da alles habe; dann schaut er mich an und sagt: „Mensch, du hast viel." „Ja", sage ich dann, „das stimmt, ich habe viel, wahrscheinlich viel mehr, als mir bewußt ist." Wenn Gott mir das so sagt, dann spüre ich auch: Es ist wahr, ich habe sehr viel, vielleicht zu viel. Dann schaut er mich ganz fest an und fragt mich: „Bist du einverstanden, daß ich das Eine herausnehme?" Haben Sie keine Angst –, Gott ist ein Gentleman, er nimmt nicht alles. Da können Sie ganz sicher sein. Auf der anderen Seite: Er kann ganz gut wählen: Ja, er hat ein ganz gutes Gespür. Er fragt mich: „Bist du einverstanden, daß ich das Eine heraushole?" Dann geht es um die Grundhaltung des Betens: „Ja, das darfst du! Kein anderer dürfte daran rühren, aber du darfst es nehmen. Wenn du es willst, kannst du es nehmen."

Und dann nimmt er es, mit meinem Einverständnis. Ich bleibe weiter so sitzen. Nach einiger Zeit – undefiniert – kommt er noch einmal vorbei, und vielleicht werde ich schon ein bißchen nervös – und fragt mich: „Bist du einverstanden, daß ich das Eine hineinlege?" Denn er nimmt nicht nur, er gibt auch. Und wiederum geht es dann um die Grundhaltung des Betens: „Ja, das darfst du."

Wenn diese Grundhaltung fehlt, kann ich nicht beten. Dann wird meine ganze Beziehung zu Gott eine Art Suchen und Mich-wieder-Verstecken. Ich gehe ein Stück weit auf ihn zu, aber sobald wir uns nahe kommen, ziehe ich mich wieder zurück, aus Angst; aus Angst, daß er etwas nehmen will. Ich kann es auch einfacher sagen: Die Grundbedingung des Betens ist mein Verlangen, daß Gott Gott sei. Wenn das Verlangen nicht da ist, wie soll ich dann beten? Dann ist das Beten von Anfang an eine Karrikatur.

Tagore hat das einmal klar gesagt: „Es gibt eine Beklommenheit in meinem Herzen wegen der Last seiner Reichtümer, die er dir nicht gegeben hat." Was ich vor Gott abschirme, das belastet mich.

Und jetzt wäre es – glaube ich – ein Fehler, wenn Sie anfingen nachzudenken: „Ja, was könnte er da alles nehmen?" Tun Sie das nicht! Sonst kommen Sie auf die falsche Spur. Denn dann können Sie sich tausend Sachen ausdenken. Aber das, was er nehmen will, daran denken Sie nicht. Gott ist sehr originell, sehr einfallsreich! Und wichtiger noch: Sie schauen so in die falsche Richtung. Mit anderen Worten: Ich soll nicht auf meine Hände schauen und sehen, was darin ist. Darum geht es nicht. Ich soll auf ihn schauen und ihm vertrauen. Wenn er etwas aus meinen Händen nehmen will, dann ist das immer nur zu meinem Guten. Sonst würde er es nie tun. Er liebt mich mehr, als ich mich selbst liebe. Vor ihm brauche ich keine Angst zu haben. Vielleicht, wenn Sie Angst haben wollen, können Sie Angst haben vor sich selbst; dazu mag es Gründe geben. Aber Angst vor Gott müssen

14

Sie nicht haben. Dies ist die Grundhaltung des Betens: Vertrauen in Gott, daß er mich liebt, daß er mich sucht, daß er meine Entfaltung will. „Ich bin gekommen, damit sie das Leben haben, und zwar in Fülle" (Johannes 10,10) – das will er. Also was es braucht, ist Offenheit für Gott, eine Offenheit des Vertrauens.

Augustinus sagt in einer Predigt: „Das Wort Gottes ist der Gegner deines Willens, bis es der Urheber deines Heiles wird. Solange du dein eigener Feind bist, ist auch das Wort Gottes dein Feind. Sei dein eigener Freund, dann ist auch das Wort Gottes mit dir im Einklang." Ich brauche keine Angst zu haben. Beten meint: mich öffnen vor Gott; bereit werden, daß Gott mehr und mehr in mein Leben eintritt. Freilich – dies ist nicht ganz richtig ausgedrückt, denn er ist immer schon da. Ruysbroek sagt: „Gott ist derjenige, der von innen nach außen auf dich zukommt." Das heißt: Er ist mir näher, als ich mir selber bin. Er ist auch treuer zu mir, als ich zu mir selbst es bin. Gelegentlich bin ich mir selbst nicht treu, nicht authentisch, nicht echt, nicht wahr. Er ist mir immer treu, immer.

„Jeden Morgen weckt der Herr mein Ohr, damit ich auf ihn höre wie ein Jünger" (Jesaja 50,4). Man kann hören wie ein Meister: Der Meister weiß, und wenn er hört, hört er, um zu prüfen, ob der Schüler verstanden hat, was der Meister ihm gesagt hat. So hört ein Meister. Diese Art des Hörens muß es wohl geben, zum Beispiel in der Schule. Im Gebet jedoch soll ich auf Gott hören wie ein Jünger, das heißt wie einer, der noch etwas zu lernen hat, der noch nicht alles im Griff hat.

Vielleicht denken Sie: „Exerzitien, das ist gar nicht so schlecht. Dann fällt mal viel Arbeit aus, zwar nicht alles, aber doch viel. Und dann kann ich auch wieder ein bißchen auftanken für das nächste Jahr. Ich mag das Wort „auftanken" nicht gerne. Es ist zwar eine gute Sache: auftanken für ein neues Jahr. Aber es ist zu wenig. Ich glaube, Gott ist eine Nummer größer. Wer so denkt, denkt zu klein von Gott.

Ich habe immer mal wieder erlebt, daß jemand einen zweiten Ruf erfährt – so heißt das in der Geschichte der Spiritualität: der zweite Ruf oder der dritte oder der vierte. Da muß man nicht kleinlich sein. Ich denke, das berühmteste Beispiel ist die große Teresa (von Avila), die nach 19 Jahren in einem mittelmäßigen Karmel – er war nicht schlecht, auch nicht besonders gut, und hier hatte sie auch mittelmäßig gelebt, nicht schlecht, auch nicht besonders gut, – auf einmal diesen zweiten Ruf erfährt. Und da wird die Heilige geboren.

Gertrud von Helfta ist ein anderes Beispiel. Sie kann die genaue Stunde und den ganz genauen Ort im Dormitorium angeben, abends nach der Komplet, als sie von einem Götzen befreit wurde. Dieser Götze war wohl eine etwas zu große Liebe für die Wissenschaft. Und da hat sie die Hände geöffnet. Da hat die Liebe Gottes sie wirklich gepackt. In diesem Augenblick wurde die Heilige geboren.

Da kann es geschehen, daß ein Mensch von Gott gepackt und zu einem zweiten oder dritten Ruf geführt wird. Schließen Sie das nicht aus. Jemand, der sich aufs Auftanken beschränkt, der könnte eine ganz kostbare Chance verpassen. „Deus semper maior" – Gott ist immer größer, immer größer, als wir denken. Und wie groß ich auch über ihn denke, er ist doch noch größer.

„Halte dich für morgen früh bereit. Steig am Morgen auf den Sinai, und dort auf dem Gipfel des Berges stelle dich vor mich hin" (Exodus 34,2). Stell dich vor mich hin! Beten, meditieren bedeuten vielleicht nicht so sehr: Gott suchen, denn das könnte zu aktiv verstanden sein, sondern es ist vor allem: Warten, den Griff loslassen, meine Machtlosigkeit durchhalten, ausharren. Auf jemanden warten ist eine sehr authentische Form, um jemanden zu ehren, vielleicht authentischer als viele Worte, die wir sprechen; und vielleicht auch authentischer als manche Geschenke, die wir geben. Im Warten halte ich meine Machtlosigkeit aus. Das ist nicht so leicht. Gott läßt sich

16

nicht erobern. Er kommt, gewiß, aber dann, wann er will. Darum: „Stell dich vor mich hin!"

„Niemand soll mit dir hinaufsteigen. Auch soll sich kein Mensch auf dem ganzen Berg sehen lassen, und kein Schaf oder Rind soll am Abhang des Berges weiden." Gott will Mose ganz für sich. Er ist wirklich ein eifersüchtiger Gott, in seiner großen Liebe.

„Der Herr stieg in der Wolke herab und stellte sich dort neben Mose hin. Er rief den Namen Jahwe aus." „Er" meint hier nicht Mose, sondern Gott selber. Gott ruft seinen eigenen Namen aus. Gott gibt sich selber zu erkennen. Das ist das eigentliche Geheimnis der Gottesbegegnung, daß Gott sich uns (einigermaßen) erschließt. Darum geht es uns. Nichts kann diese Erfahrung Gottes ersetzen.

Die Wüstenväter vergleichen das Beten mit Hunden, die einem Hasen nachjagen. Ein Hund hat den Hasen gesehen. Er bellt furchtbar und jagt dem Hasen nach. Andere Hunde hören das Gebell und rennen hinterher. Aber irgendwann kommt der Punkt, an dem all jene Hunde aufgeben, die nur das Gebell gehört haben. Nur die, die wirklich den Hasen gesehen haben, laufen weiter. Das ist ein gutes Bild für das Gebet. Wer betet, weil er das Gebell gehört, aber nichts gesehen hat, der hält nicht durch.

Diese Geschichte beschreibt die Not vieler suchender Menschen. Sie leben nur vom Gebell des Gebells des Gebells, und auf Dauer reicht das nicht. Sie suchen nach Lebenssinn, nach Erfüllung, nach Gott, hören aber nur von jemanden, der gehört hat, daß jemand gehört hat ... (vgl. Monika Hirschauer u.a., Gott finden im Alltag. Exerzitien zu Hause, Freiburg i.Br. [3]1998, 9). Natürlich: Die unmittelbare Gotteserfahrung kann ich nicht hervorbringen; sie muß mir geschenkt werden. Aber wenn ich warte, wird der Herr kommen und sich mir zu erkennen geben. „Sag mir in der Fülle deiner Erbarmungen, mein Herr und mein Gott, was du mir bist. Sag zu meiner Seele: Dein Heil bin ich. Sag es so, daß ich es höre" (Augustinus:

Confessiones I, 5,5). Das meint Beten, Meditieren, Exerzitien, Exerzitien im Alltag: das Wort Gottes hören, damit es uns erfülle.

Dann werden im Hebräischen dreizehn Eigenschaften Gottes erwähnt. Von diesen dreizehn umschreiben zwölf Eigenschaften seine Barmherzigkeit und eine seine Gerechtigkeit. So ist unser Gott.

„Sofort verneigte sich Mose bis zur Erde und warf sich zu Boden." Das haben wir inzwischen alle wohl gelernt, daß wir auch den Leib mit einbeziehen in unser Gebet, daß wir Gott suchen mit Seele und Leib. Dabei spielt der Körper eine entscheidende Rolle. Eine abgehobene, rein geistige Spiritualität ist nur die halbe Wahrheit und der halbe Gottesdienst.

Schließlich noch der letzte Vers (10): „Da sprach der Herr: Hiermit schließe ich einen Bund." Da sehe ich eine weitere Parallele zu Exerzitien und geistlichen Übungen. Auf der einen Seite muß Mose ganz alleine oben auf dem Berg warten und ausharren, in strikter Einsamkeit und Stille. Auf der anderen Seite wird auf diesem Berg der Bund geschlossen. Und der Bund geschieht nicht zwischen Gott und Mose. Die Bundespartner sind Gott und das Volk. In der Einsamkeit des Mose oben auf dem Berg geschieht etwas, was für das ganze Volk wichtig ist. Das gilt auch für Exerzitien. Wir machen sie alleine, in der Stille, in der Einsamkeit. Aber – und das kann ein Trost sein, wenn es schwierig wird – sie sind fruchtbar für viele. Das kann ich mir immer wieder einmal bewußt machen: Ich bete, meditiere, warte – zwar allein, aber mein Horchen, mein Verweilen, das Mich-Hinhalten sollen auch für andere Frucht bringen, zunächst für diejenigen, mit denen ich zusammenlebe, aber noch weit darüber hinaus. Die Fruchtbarkeit, die Wirkung und Wirkkraft können viel weiter reichen, als ich zu überblicken vermag.

Gott, unser Vater,
du allein weißt,
wie unser Leben gelingen kann.
Lehre uns,
in der Stille deiner Gegenwart
das Geheimnis zu verstehen,
wie in der Begegnung mit dir,
wie in deinem Anblick und in deinem Wort
Menschen sich erkannt haben
als dein Bild und Gleichnis.
Hilf uns loszulassen,
was uns daran hindert,
dir zu begegnen
und uns von deinem Wort ergreifen zu lassen.
Hilf uns zuzulassen,
was in uns Mensch werden will
nach dem Bild und Gleichnis,
das du dir von uns gemacht hast.

Vgl. Peter Köster / Herman Andriessen, Sein Leben ordnen, Freiburg i. Br. 1991, 31

2

Ich brauche mehr Liebe, als ich verdiene

Bei Jörg Splett fand ich einen ganz schlichten Satz –
zwischen mehreren komplizierten: „Jeder Mensch braucht
mehr Liebe, als er verdient." Das ist einfach, da ist kein
frommes Wort dabei, und doch ist es tief. Sobald wir diesen Satz hören, kommen uns sofort Menschen ins Gedächtnis, die diesen einfachen Satz bestätigen: Menschen,
die mehr Liebe brauchen, als sie verdienen. Vielleicht
haben Sie an Obdachlose gedacht oder an Asylbewerber,
an Drogensüchtige. Aber Sie müssen gar nicht außerhalb
ihres eigenen Kreises suchen, um Bestätigungen für diesen Satz zu finden. Sie können auch in der eigenen Gemeinschaft, in der nächsten Nähe Menschen finden, die
mehr Liebe brauchen, als sie verdienen. Wenn wir so darüber nachdenken, dann könnte in uns etwas vom Geist
der Bergpredigt wachsen, eine gewisse Milde, die jede
Gemeinschaft braucht.

Man kann diesen Satz aber auch auf sich selbst anwenden. Ich selber bin auch so einer. Vielleicht ist es frucht-
barer, erst einmal zu bedenken, daß ich jemand bin, der
mehr Liebe braucht, als er verdient. Diese Blickrichtung
ist eigentlich die Grundlage für die erste. Nur wenn ich
mich selbst geliebt weiß, kann ich anderen Liebe geben.
Wir wollen diesen Satz auf uns persönlich anwenden. Ich
bin ein Mensch, der mehr Liebe braucht, als er verdient.

Damit ist wiederum ein Zweifaches gesagt: Ich brauche
erstens Liebe, und zweitens mehr, als ich verdiene. Ich
brauche Liebe! Jeder Mensch hat viele Möglichkeiten in
sich, viele Talente. Die Natur ist nicht kärglich oder geizig
im Ausstreuen von neuen Lebenskeimen. Im Gegenteil,

sie gibt sehr großzügig. Genauso ist Gott – nicht sparsam im Schenken von Talenten an seine Menschen. Man kann sagen: Jeder Mensch hat viele Talente, wenn man das Wort „Talent" nur weit genug nimmt. Man kann etwa denken an den Verstand und die Vielfalt seiner Fähigkeiten. Das ist tatsächlich ein wichtiges Talent. Aber es ist nur eines unter vielen. Es gibt auch die Talente des Herzens. Auf Lebensdauer sind sie wohl wichtiger. Glauben Sie mir, viel wichtiger! Dann: die Talente der Hände; es gibt Menschen, die haben goldene Hände; die können alles. Auch das ist ein Talent. Wenn man das Wort „Talent" weit genug nimmt, kann man wirklich sagen: Jeder Mensch vereint viele Talente in sich.

Aber wie in der Natur, so auch bei den Menschen: Diese Talente brauchen ein günstiges Klima, damit sie sich entfalten können. Solange das Wetter kalt und rauh ist, bleiben die Knospen an den Bäumen geschlossen; es wäre viel zu riskant, sich zu öffnen. Wenn dann aber der Frühling kommt und es ein wenig wärmer wird, dann öffnen sie sich und zeigen eine Fülle von Blüten und Blättern, eine große Schönheit, die sich entfaltet. Genauso sehen wir es bei den Menschen, bei uns selbst, genauso! Solange die Atmosphäre, in der wir leben, kalt und frostig ist, wagen wir es nicht, uns wirklich zu öffnen. Dann bleiben die Talente, die wir haben, versteckt und verborgen.

An einem Freitagabend mußte ich noch einmal in einen Supermarkt, um schnell etwas einzukaufen. Alle Kassen, bis auf eine, waren schon zu. Es stand bereits eine ziemliche Schlange vor dieser Kasse, und die Leute waren ein wenig ungeduldig – ich auch – und etwas verärgert, warum die anderen schon zugemacht hatten; es war ja noch nicht Zeit zum Ladenschluß. Aber ich sah, daß vorne in der Schlange die Leute lächelten. Ich dachte, das tun sie, weil sie jetzt „dran" sind. Das ist sicher ein Grund gewesen. Aber als ich selber soweit war, habe ich entdeckt, daß es noch einen zweiten Grund gab. Denn die Kassiererin – eine kluge Dame offenbar – hatte aus einer Pralinenschachtel ein Stück Pappkarton geschnitten. Da stand drauf: „Wir sind mit Liebe gemacht worden; bitte behandeln Sie uns auch so." Das hatte sie vor sich hingestellt. Jeder war überzeugt: Das stimmt, was sie sagt. Da haben alle gelächelt, und sie hat die Atmosphäre mit dieser schlichten Botschaft auf einem Pappkarton verwandelt. So eine Botschaft brauchen wir immer wieder.

Eugen Biser führt in einer breitgefaßten Darlegung „die Grundprobleme der heutigen Menschheit" auf drei zurück: „Überforderung, Einsamkeit und Angst". Ich möchte ein viertes hinzufügen: Gewalt. Gewalt spielt m. E. in der heutigen Welt eine enorm zerstörerische Rolle. Ohne Zweifel kann man darüber diskutieren, ob Gewalt nicht auf die von Biser genannten drei Grundprobleme zurückgeführt werden kann. Ich möchte sie aber eigens erwähnen. Wie dem auch sei, in einer Welt, in der diese drei oder vier Grundprobleme das Klima beherrschen, brauchen wir die Botschaft jener Kassiererin, damit die Atmosphäre sich lockert, entspannt, erwärmt.

Jesus sagt: „Mein Vater wird dadurch verherrlicht, daß ihr reiche Frucht bringt und meine Jünger werdet" (Johannes 15,8). Gott denkt also groß von uns. Unser Leben soll wirklich etwas darstellen. Es soll Frucht bringen, und zwar nicht nur ein wenig, sondern reiche Frucht. Das ist die Vorstellung, die Gott von uns hat. So wird Gott verherrlicht. Im nächsten Vers eröffnet Jesus dann das Geheimnis dieser Fruchtbarkeit: „Wie mich der Vater geliebt hat, so habe auch ich euch geliebt. Bleibt in meiner Liebe."

Darin liegt das Geheimnis der Fruchtbarkeit: daß wir in seiner Liebe bleiben. Dann werden wir aufblühen, und unser Leben wird reiche Frucht tragen. „Bleibt in meiner Liebe", sagt er und nicht: Denkt gelegentlich daran, oder kommt ab und zu vorbei, sondern: Bleibt in meiner Liebe! Sieh in meiner Liebe deine Bleibe. Dann wird dein Leben sich entfalten zu einem Leben in Fülle.

Angelus Silesius sagt in seiner Art: „Kein Ding ist hier noch dort, das schöner ist als ich, weil Gott, die Schönheit selbst, sich hat verliebt in mich." Das bedeutet „in dieser Liebe bleiben": wissen, daß ich in den Augen Gottes kostbar bin. Oder mit dem Wort des Propheten Hosea, daß er mich „umwirbt", daß ihm daran gelegen ist, meine Liebe zu gewinnen.

Der Gedanke, den Angelus Silesius in seiner ganz eigenen Sprache ausdrückt, ist eigentlich viel älter. Es gibt einen jüdischen Spruch: „Achte dich nicht gering, denn Gott achtet dich nicht gering." Gott achtet mich nicht gering, also darf ich mich selber auch nicht gering achten. Denn wenn ich das tue, dann beleidige ich im Grunde Gott. Dann bin ich nicht mit ihm in Einklang, dann denke ich nicht stimmig, dann stimmt etwas nicht. „Achte dich nicht gering, denn Gott achtet dich nicht gering."

Ich brauche Liebe, aber – und jetzt wird es spannend – mehr, als ich verdiene. Meine eigenen Leistungen reichen nicht. Wir leben in einer Leistungsgesellschaft, in der alles von der Leistung beherrscht wird. Wenn nun meine eigenen Leistungen nicht ausreichen, dann verursacht das ein ernsthaftes Problem. Ich brauche mehr Liebe, als ich verdiene. Also kann mir nur geschenkt werden, was ich mehr brauche. Und das nennen wir Gnade. Das „Mehr", vielleicht das Eigentliche, das Wesentliche wird mir gegeben, umsonst. Vielleicht ist es noch entscheidender, daß ich das mir zugedachte „Mehr" auch annehme. Denn wenn es nur gegeben, aber nicht angenommen wird, dann bleiben die Sehnsucht und der Mangel meine ständigen Begleiter. Ja, es muß auch angenommen werden. Ich vermute, daß im Annehmen die größte Schwierigkeit liegt. Haben wir nicht seit Kindertagen gelernt: Geben ist seliger als Nehmen?

Liebe verstehen Menschen bekanntlich auf viele und unterschiedliche Weisen. Da gibt es z. B. die romantische, sehr gefühlvolle Variante. Andere interessiert vor allem die körperliche Liebe. Oder da gibt es die Überzeugung, einzig die selbstlose Nächstenliebe sei wahrhaft Liebe.

Einige streben nach der rein übernatürlichen Liebe, fern von den Menschen, nur dem Himmel zugewandt.

Liebe kennt nicht nur viele Deutungen, sondern sie hat auch viele Gestalten. Da ist die Liebe zwischen Mann und Frau in der Ehe oder die Liebe der Eltern zu den Kindern, der Kinder zu den Eltern. Da gibt es die Liebe in einer Ordensgemeinschaft. Eine sehr schöne Deutung gibt Jean Vanier, der Gründer der „Arche"-Gemeinschaft: „Liebe ist: einem anderen dessen eigene Schönheit offenbaren." Dem anderen deutlich machen, wie schön er ist: Das ist Liebe. Und dafür braucht der andere mich. Das kann er alleine nicht entdecken. Vor dem Spiegel findet man das nicht heraus. Nein, das muß ein Mitmensch ihm oder ihr offenbaren. Damit hat Vanier etwas vom Kern der Liebe erfaßt: einem anderen dessen eigene Schönheit offenbaren.

Glauben hat vor allem anderen mit Liebe zu tun. Glaube hat viele Aspekte. Er hat etwas mit Psychologie zu tun. Meine Lebensgeschichte, die Prägung meiner Persönlichkeit prägt auch meinen Glauben. Glaube hat etwas mit Soziologie zu tun. Ich kann nicht alleine glauben, sondern nur in Gemeinschaft, in der Begegnung und im lebendigen Austausch. Glaube hat auch etwas mit Kirchenpolitik zu tun. Dies greifen die Medien auf. Aber meist haben sie nur über diesen äußeren Aspekt des Glaubens etwas zu sagen oder zu schreiben.

Die Mitte des Glaubens formuliert Johannes in seinem ersten Brief: „Wir haben die Liebe, die Gott zu uns hat, erkannt und glauben an sie" (4,16). Wir glauben an die Liebe, die Gott zu uns hat! Hier geht es um den Kern: die Liebe, die Gott zu uns hat, und zwar ganz persönlich, nicht abstrakt, im allgemeinen, sondern die Liebe, die Gott zu uns und zu mir hat, wie ich bin. Das zu glauben ist nicht leicht.

Ich bin Menschen begegnet – zugegeben das sind extreme Fälle –, die mir mit Wucht und Wut gesagt haben: „Ich glaube schon, daß Gott alle Menschen liebt. Aber mich nicht!" Und dann kam noch einmal mit Nachdruck:

24

„Mich aber nicht! Hören Sie auf! Ich bin die Ausnahme! Wenn Sie meine Lebensgeschichte kennen würden, dann würden Sie mich verstehen, aber das kann ich jetzt nicht erklären." Aber mich nicht!

Ein solcher Mensch spricht auf diese Weise von seiner Not und seinem Leid, daß er nicht glauben kann. Denn der Glaube ist immer persönlich, zutiefst persönlich. Wenn ich mich nicht persönlich von Gott geliebt weiß, dann ist mir die Gabe des Glaubens (noch) nicht geschenkt, oder sie ist mir abhanden gekommen. Es ist viel schwieriger, als man vielleicht vermutet, wirklich mit Kopf und Herz zu glauben, daß man bedingungslos von Gott geliebt ist, in der ganzen Konkretheit seiner Person.

Neulich las ich in einem französischen Buch über die Psalmen: Glaube ist „la certitude tremblante de l'amour". Ich übersetze es so: Glaube ist die bebende Sicherheit der Liebe. – Das meint Glaube: die Sicherheit der Liebe. Aber diese Sicherheit ist bebend und macht mich zittern; sie ist gar nicht so selbstverständlich. „Tremblante d'indignité, d'émotion et d'étonnement" – bebend wegen meiner Unwürdigkeit. Diese Reaktion kommt vielleicht bei jedem Menschen: Das kann nicht wahr sein, das kann nicht sein. Das ist zu schön, um wahr zu sein, daß ich von Gott geliebt bin. Also bebend wegen meiner Unwürdigkeit; aber auch bebend vor Bewegtheit: Wenn es doch nur wahr wäre! Wenn ich es wirklich glaube, annehme und ernst nehme, fange ich an zu beben, zu beben vor Erstaunen: Kann das wahr sein? Das ist Glaube. Er hat mich ins Dasein geliebt, und zwar nicht nur in der Vergangenheit, bei meiner Geburt, sondern er tut es jeden Tag und jeden Augenblick: mich ins Dasein lieben.

Ich habe Jahrzehnte mit einem pastoralen Problem gerungen, und gelöst habe ich es noch immer nicht. Aber ich bin doch ein Stückchen weitergekommen, und das im Zusammenhang mit dem, was ich gerade sagte von diesen Menschen, die mit Wucht ablehnen oder es nicht glauben können, daß Gottes Liebe ihnen gilt. Ich bin

Menschen begegnet, die es in ihrer Jugend schlecht getroffen haben, die zu Hause wenig Wärme, wenig Liebe erfahren oder die sich als Kind immer überfordert gefühlt haben, die sich zu Hause alles verdienen mußten mit guten Noten und gutem Benehmen. Sobald da etwas fehlte, folgte unerbittlich Liebesentzug. Auch noch viel schlimmere Dinge gibt es: Menschen, die als Kind mißbraucht worden sind, von Verwandten, vielleicht von den Eltern. Solche Menschen tun sich sehr schwer, an die Liebe Gottes zu glauben. Für sie ist sie überhaupt nicht mehr selbstverständlich. Im Gegenteil, sie stößt auf eine Mauer von Widerstand: Das kann nicht wahr sein; das stimmt nicht; das stimmt nicht mit meinem Leben überein. – Wie kann ich solche Menschen erreichen mit der Froh-Botschaft?

Die Lösung geht nur schrittweise. Eine bestimmte Richtung in der Theologie, vor allem die protestantische – z. B. die von Karl Barth und auch von Dietrich Bonhoeffer – betont sehr stark: Gott ist der ganz andere, der *ganz* andere. Diese theologische Richtung hat eine sehr lange Tradition, die bis in die frühen Jahrhunderte reicht. Man nennt sie die apophatische oder negative Theologie. Sie nimmt die Tatsache ernst, daß wir mit unseren menschlichen Erfahrungen und Begriffen nie adäquat von Gott sprechen können. Die Mystiker haben das immer wieder sehr stark erlebt: Gott ist ganz anders.

Das gilt vor allem für seine Liebe. Gerade in seiner Liebe ist er der gänzlich andere. Die Liebe Gottes ist ganz anders als alle Menschenliebe, die wir erfahren haben. Um wirklich an die Liebe Gottes zu glauben, braucht man einen Glaubenssprung – so nenne ich das jetzt einmal mit einem Bild –, einen Glaubenssprung; einen Sprung von meiner Erfahrung menschlicher Liebe in die Liebe Gottes, die ganz anders ist. Das Bild vom Glaubenssprung ist nur ein Bild, und damit hat es auch seine Einseitigkeiten. Eine davon kann ich sofort andeuten: Das Bild vom Glaubenssprung vermittelt den Eindruck, als ob man den Sprung einmal macht, und dann ist man auf der anderen Seite.

Nein, so einfach ist es wohl nicht: Man muß den Sprung immer wieder machen.

Der Glaube braucht diesen Sprung, daß die Liebe Gottes ganz anders ist. Jemand, der es schlecht getroffen hat in seiner Jugend, in seinen Liebeserfahrungen oder besser: in seinen Liebesentbehrungen, braucht viel Kraft, um diesen Sprung zu machen. Jemand, der es gut getroffen hat in seinem Leben, der eine harmonische Familie erleben konnte, eine glückliche Jugend gehabt hat, dem es gut gegangen ist im Leben, so jemand muß genauso diesen Glaubenssprung machen. Und gerade er könnte versucht sein, den Sprung nicht zu machen, sondern zu denken: Die Liebe Gottes, das ist so etwas wie bei uns zu Hause nur noch schöner. Wer so denkt, glaubt nicht im vollen Sinn des Wortes. Dies ist eine Ideologie. Jeder muß den Sprung machen. Und ich weiß nicht, für wen der Sprung leichter ist. Wir bleiben noch im Bild: Beide Sprungbretter – und ich male jetzt schwarz/weiß – haben ihre ganz eigenen, spezifischen Schwierigkeiten. Der eine kann sich beim Wort „Liebe" kaum etwas vorstellen, hat aber zugleich eine Sehnsucht und eine Ahnung, daß es im Leben doch etwas Erfüllenderes und Sinnvolleres geben muß, als was er bis jetzt erfahren hat. Der andere hat vieles, wofür er dankbar sein kann, wird aber aufgefordert, dabei nicht stehenzubleiben, sondern sich darüber hinaus zu wagen. Für jeden Menschen ist es eine Gnade, wenn es gelingt, diesen Sprung zu machen – eine Glaubensgnade.

Die klassische Theologie hat schon immer gelehrt: Es gibt Tugenden wie z. B. die Geduld, die man sich erwerben und immer wieder üben muß, mit Anstrengung und Ausdauer. Es gibt aber auch eingegossene Tugenden, und zwar Glaube, Hoffnung und Liebe: Sie kann man nicht erwerben. Sie sind so erhaben oder so umfassend und lebensbestimmend, daß unsere eigene Kraft dafür nicht reicht. Diese Tugenden werden uns „eingegossen", geschenkt. Glaube ist eine solche Tugend. Es bleibt uns jedoch, für diese Gnade empfänglich zu sein, sie anzunehmen, uns darauf einzulassen.

Die göttliche Liebe ist anders als alle menschliche Liebe. Das kann man auf viele Weisen artikulieren: Gottes Liebe ist bedingungslos, stellt nicht einmal die Bedingung unserer Existenz. Denn er hat uns schon geliebt, bevor es uns gab. Menschliche Liebe ist immer bedingt, stellt immer – mal mehr, mal weniger – Bedingungen, Gottes Liebe nicht. Sie ist wirklich ganz anders, radikal anders. Oder: Gottes Liebe beruht auf nichts. Das klingt vielleicht ein bißchen enttäuschend, weil man dann leicht denken kann: Ich hatte gemeint, daß Gott mich liebt, weil ich mich so selbstlos einsetze, oder wegen meiner Persönlichkeit, wegen meiner besonderen Eigenschaften. Bin ich dann wirklich gemeint mit dieser Liebe Gottes?

Die Antwort lautet eindeutig: Ja, Sie in Ihrer unverwechselbaren Einmaligkeit sind gemeint mit dieser bedingungslosen Liebe und das in unvorstellbar vollem göttlichen Ernst. Aber Sie haben diese Liebe Gottes nicht selber ausgelöst, bewirkt, verdient. Sie geht Ihrer Existenz voraus. Gottes Liebe beruht auf nichts. Und – Gott sei Dank, daß sie auf nichts beruht. Denn denken Sie nur: Wenn Gottes Liebe auf etwas beruhen würde, und dieses Etwas würde zusammenbrechen, dann würde das ganze Gebäude einstürzen. Aber das kann eben nicht passieren, weil seine Liebe auf nichts beruht.

Ruysbroek sagte oft: „Die Liebe Gottes ist grundlos" im Sinne von: Sie hat keinen Grund, der irgendwo, irgendwann eine Grenze kennt. Das heißt, wenn ich mich in die Liebe Gottes vertiefe, darin hinabsteige, komme ich nie an einen Boden, den gibt es nicht. Sie ist grundlos. Ich kann unendlich tief hinabsteigen in diese Liebe, ich komme nie an ein Ende. Wenn man sich richtig da hineindenkt, wird man schwindlig. Denn meine Phantasie ist immer begrenzt. Ich kann nicht etwas Unbegrenztes denken. Ich denke irgendwo eine Grenze, und hinter der Grenze kommt vielleicht doch noch etwas, aber ohne eine Grenze kann ich mir nichts vorstellen. Die Liebe Gottes ist unbegrenzt, grundlos. Sie ist lautere Überraschung: Sie ist absoluter Ursprung. Ur-Sprung – der absolute Ur-Sprung. Das bedeutet auch, daß sie von sich aus unerschütterlich ist. Sie kann nicht erschüttert werden. Sie ist absolut treu. Sie ist das einzig Sichere, das es gibt.

Peter Knauer hat das in seiner Art auf den Punkt gebracht, ganz präzise: „Die Liebe Gottes nimmt ihr Maß nicht an uns, sondern an sich." Sie nimmt ihr Maß nicht an uns, sondern an Gott selbst. Damit ist – noch einmal – die Liebe Gottes ganz anders. Denn menschliche Liebe nimmt ihr Maß immer am anderen, immer. Und darum liebe ich den einen ein wenig mehr und den anderen etwas weniger. Das hängt vom anderen ab und meinen begrenzten Sympathien. Gottes Liebe aber nimmt ihr Maß eben nicht am anderen, sondern an sich selbst, und er kennt keine Grenzen, oder wollte jemand sagen: Hier beginnt Gott, und dort hört er auf? Gott liebt, weil er die Liebe ist. Wir Menschen sagen: Ich *hab* dich lieb – Er *ist* Liebe. Da ist ein wesentlicher Unterschied: Liebe haben oder Liebe sein.

„In unserem Erschaffensein haben wir einen Anfang. Aber die Liebe, mit der Gott uns erschaffen hat, ist in ihm ohne Anfang" (Juliana von Norwich). Also: Die Liebe, aus der ich komme, ist ewig und umfängt mich ganz, auch mit meinem Schatten, mit meinen Fehlern.

Einen Text habe ich neulich wiedergefunden, sehr zu meiner Freude: „Auch wenn wir sündigen, gehören wir dir, da wir deine Stärke kennen. Doch wir wollen nicht sündigen, da wir wissen, daß wir dein Eigentum sind" (Weisheit 15,2). Auch wenn wir sündigen, umfängt uns seine Liebe, die ja grundlos ist. Sie umfängt mich ganz. Das ist etwas, was schwindlig macht, wenn man ernsthaft darüber nachdenkt.

Sündigen ist doch: die Liebe Gottes ablehnen. Wenn ich sie aber ablehne, bleibt sie trotzdem, und sie läßt mich weiterleben. Begreifen wir? Ich kann die Liebe, aus der ich komme, ablehnen und doch weiterleben. Ich kann den

Ast, worauf ich sitze, absägen, und ich falle nicht herunter. In der Natur ist das unmöglich! Aber bei Gott ist es so. „Auch wenn wir sündigen, gehören wir dir." Auch dann läßt du uns nicht fallen. In unserer Endlichkeit sind wir unendlich geliebt! Die Liebe Gottes geht zur Wurzel meiner Existenz, vorbei an aller Beschränkung und Endlichkeit, daß ich so oder so bin, so und nicht so oder anders. Davon hängt es überhaupt nicht ab. Gottes Liebe geht viel tiefer. In dieser Liebe sollen wir bleiben. Sie ist unser Zuhause, unsere Heimat und will unsere Bleibe sein. Das ist ein Glaubensgeheimnis. Kein Mensch kann es verstehen. Aber: Es ist die Grundoffenbarung der Bibel.

Ich möchte schließen mit einigen Sätzen aus einer Weihnachtspredigt von Karl Rahner: „Gott hat sein letztes, tiefstes, schönstes Wort im fleischgewordenen Wort in unsere Welt hineingesagt. Und dieses Wort heißt: Ich liebe dich, du Welt, du Mensch. Ich bin da: Ich bin bei dir. Ich bin dein Leben. Ich bin deine Zeit. Ich weine deine Tränen. Ich bin deine Freude. Fürchte dich nicht. Wo du nicht mehr weiter weißt, bin ich bei dir. Ich bin in deiner Angst, denn ich habe sie mitgelitten. Ich bin in deiner Not und in deinem Tod, denn heute begann ich, mit dir zu leben und zu sterben. Ich bin in deinem Leben. Ich verspreche dir: Dein Ziel heißt Leben. Auch für dich geht das Tor auf" (vgl. K. Rahner: Kleines Kirchenjahr, München 1954, 15 ff).

Unser Gott, Tag für Tag trägst du die Welt und nährst sie. Und tiefer, als wir es uns vorzustellen wagen, bist du überall zugegen, wohin wir gehen. Wir danken dir für deine Gegenwart, die so verborgen und verwundbar ist, so treu und tätig. Wir glauben an ein Leben aus dir und mit dir, so, wie wir leben vom Brot, wie wir hungern und dürsten nach Frieden, heute und alle Tage. Amen.

3

Geburtsstunde der Freiheit

Wir kennen das Wort Jesu: „Die Wahrheit wird euch freimachen" (Johannes 8,32). Als ich Student war, hat dieses Wort mich sehr begeistert. „Die Wahrheit wird euch freimachen." Ich verstand es in diesem Sinne: Wenn du viel weißt und viel studiert hast, dann kannst du dich frei in dieser Welt bewegen. Das Studium hat mich dann gelehrt, daß das Wort „Wahrheit" bei Johannes etwas anderes bedeutet, als ich ursprünglich gedacht habe.

Das Wort „Wahrheit", wenn es in der Schrift vorkommt, auch im Neuen Testament, geht immer zurück auf das hebräische „emet". Dieses Wort ist schwer zu übersetzen, weil es aus einer anderen Kultur kommt. Ein Bild für „emet" in der Schrift ist der Fels. Auf einem Felsen kann man bauen. Der Fels gibt nicht nach. Der Fels ist zuverlässig. Und „emet" in der Schrift bedeutet auch äußerste Zuverlässigkeit. Wenn man „emet" mit „Wahrheit" übersetzt, dann geht es um eine existentielle Wahrheit und nicht so sehr um eine intellektuelle, um eine Wahrheit also, auf die man sein Leben bauen kann, ein Fundament, das trägt. Das Wort „Amen" hat übrigens die gleiche Wurzel wie „emet" und drückt eine kräftige und überzeugte Bestätigung aus: Man kann sich darauf verlassen, oder man bekräftigt das gerade Gesagte.

Als Augustin Bea, der spätere Kardinal, in seiner Funktion als Rektor des Biblicum in Rom etwa 1950 im Auftrag Papst Pius' XII. eine neue lateinische Psalmenübersetzung vorbereitete, hat er die übliche Übersetzung von „emet" mit „veritas" (Wahrheit) ersetzt durch „fidelitas" (Treue). Seiner Überzeugung nach gibt dies besser wieder, was im Hebräischen eigentlich gemeint ist. Auch das ist natürlich nur ein Versuch. Denn solch ein wesentliches, fundamentales Wort kann man nicht einfach übersetzen, weil in ihm eine ganze Kultur und auch eine Glaubenswelt mitschwingt.

„Emet" ist so etwas wie die bedingungslose Liebe Gottes, also das absolute Fundament – die Liebe Gottes, die man nicht verdienen kann, denn sie geht unserer Existenz voraus. Sie war schon da, bevor ich kam. Und ich kann sie auch nicht verlieren. Wie schlecht ich mich auch benehme, ich kann sie nicht verlieren. Sie bleibt in Ewigkeit. Das einzige, was ich tun kann, ist, mich abschirmen. Das kann ich. Diese Freiheit habe ich. Aber auch dann bleibt sie. Wenn ich sie ablehne, bleibt sie trotzdem. Das ist es, was ich im vorigen Kapitel mit dem Bild meinte: Ich kann den Ast absägen, auf dem ich sitze, und ich falle dennoch nicht herunter.

In Exodus 3 wird den Menschen der Gottesname par excellence geoffenbart, der Name „Jahwe". Orthodoxe Juden werden diesen Namen nie aussprechen. Er ist zu heilig. Dieser Name „Ich bin" oder „Ich bin da" oder „Ich bin der Ich-bin-da" bleibt auch in seiner Offenbarung geheimnistief. Gott offenbart seinen Namen mit fünf Buchstaben, im Hebräischen mit vier, dem Tetragramm. Über diese vier Buchstaben sind Bibliotheken geschrieben worden – eine merkwürdige Offenbarung. Wie Gott selber bleibt sein Name immer auch Geheimnis, bleibt die Spannung von Nähe und Distanz. Wichtig finde ich, daß Gott seinen Namen kundtat im Kontext der Befreiung, d.h. sein Name „Ich bin der Ich-bin-da" bewirkt und verbürgt Nähe, Zuwendung, Freiheit. Aber er ist zugleich Anruf an uns, uns als Ebenbild und Dialogpartner des „Ich-bin-da" zu erweisen – auf ihn hin und die Menschen um uns. Dieser Name ist Zusage an uns und auch Aufgabe für uns. Man muß Nähe, Zuwendung und Freiheit auch zulassen und leben, was durchaus eine große Herausforderung sein kann.

1939 erschien das bekannte Buch von Erich Fromm: „Escape from Freedom", auf Deutsch: „Die Furcht vor der Freiheit". Im Vorwort schreibt er, daß das Buch eigentlich noch nicht fertig sei, daß er aber trotzdem nicht mehr warten könne und es jetzt veröffentlichen müsse, weil sich ein schreckliches Gespenst in der Welt breitmache, das es zu entlarven gelte. Er gibt dann eine brillante Analyse der Psychologie und Mentalität des Nationalsozialismus. Man könnte sie plakativ in einem Wort zusammenfassen: „Radfahrer", und zwar in der Bedeutung: nach oben treten und nach unten ducken.

Christliche Freiheit meint genau das Gegenteil: sich nach unten bücken und aufrecht nach oben schauen. Sie meint Aufmerksamkeit, Ehrfurcht und Hilfsbereitschaft für die Kleinen, die Armen, die an den Rand Gedrückten: „Was ihr für einen meiner geringsten Brüder getan habt, das habt ihr mir getan" (Matthäus 25,40). Zugleich ist sie geprägt von einem gesunden Selbstbewußtsein, einem berechtigten Selbstwertgefühl sowie von Freimut Höhergestellten gegenüber: „Ich nenne euch nicht mehr Knechte..., vielmehr habe ich euch Freunde genannt..." (Johannes 15,15).

Diese Freiheit wird mir geschenkt, ohne Vorleistungen, aber doch auch nicht umsonst. Das heißt: Sie macht erst Sinn und kommt zur Wirkung, wenn ich ihr Raum gebe. Alfred Delp schreibt in den letzten Monaten seines Lebens: „Die Geburtsstunde der menschlichen Freiheit ist die Stunde der Begegnung mit Gott." Da, in der Begegnung mit Gott, wird die Freiheit geboren.

Das dritte Kapitel des Buches Exodus ist eigentlich der Anfang des Alten Testaments. Man kann wirklich sagen: Es fängt nicht an mit Genesis 1, sondern mit Exodus 3. Hier wird der Auszug der Israeliten aus Ägypten erzählt. Bei diesem Auszug ist die Rotte von Sklaven und Zwangsarbeitern in ägyptischer Knechtschaft zu einem Volk geworden, und zwar in einer gewaltigen Gotteserfahrung, einer unvergeßlichen Gottesbegegnung. Nach dieser Erfahrung der Befreiung aus Ägypten mit all den Wundern, die ihnen auf dem Weg zuteil wurden, sind sie bei der Entfaltung ihres Gottesglaubens gleichsam zurückgegangen in die Urzeit und entdeckten: Dieser Gott, Jahwe, der Ich-bin-da, der uns aus der Knechtschaft Ägyptens befreit hat, ist der Gott der ganzen Welt, der Schöpfer des Alls. Genesis 2, die Erzählung vom Paradies, und Genesis 3, vom Sündenfall Adams und Evas, kommen erst fünf Jahrhunderte nach dem Auszug aus Ägypten in die Bibel. Und Genesis 1, die Schöpfungsgeschichte, nochmals zwei Jahrhunderte später. Von der Exodus-Erfahrung her ist man also zurückgegangen in die Zeit. Wir finden das sehr schön, aber auch sehr subtil in einem Vers des Propheten Jesaja zusammengefaßt (44,24): „So spricht der Herr, dein Erlöser, der dich im Mutterleib geformt hat: Ich bin der Herr, der alles bewirkt, der ganz allein den Himmel ausgespannt hat, der die Erde gegründet hat aus eigener Kraft." In diesem Vers ist alles zusammengedrängt. „So spricht der Herr, dein Erlöser", der dich erlöst, der dich befreit hat. Er spricht, daß er „dich im Mutterleib geformt hat". Er ist nicht nur dein Erlöser, er ist auch dein Schöpfer; und nicht nur dein Schöpfer, er ist auch der Schöpfer des Alls. „Ich bin der Herr, der alles bewirkt, der ganz allein den Himmel ausgespannt hat, der die Erde gegründet hat aus eigener Kraft."

Freiheit gehört zur Würde und den Rechten des Menschen. Für sie wurde und wird gekämpft, gelitten, gebetet und auch gestorben. Immer wieder hat es in der Vergangenheit, und auch heute, Befreiungskriege gegeben. Der Zweite Weltkrieg war – in gewisser Sicht – am Ende auch ein Befreiungskrieg, der die Menschen von einer gnadenlosen Gewaltherrschaft des Nationalsozialismus befreite.

In vielen Lebensbereichen werden Befreiungs-„kriege" geführt, in Familien, in Klöstern, in der Kirche, immer wieder, wenn es um die Freiheit und Würde der Menschen geht. Es kann aber auch manche Mißverständnisse oder Zerrbilder darüber geben, was Freiheit meint und was nicht. Ein Pater, der lange Jahre in Indonesien Missionar war, hat mir einmal erzählt: Als Indonesien befreit wurde von der niederländischen Kolonialherrschaft, haben die Leute in Batavia, heute Djakarta, gemeint, jetzt brauchten sie nicht mehr für die Straßenbahn bezahlen, denn sie seien ja frei. Es war für sie eine herbe Enttäuschung, als sie auch nach der Befreiung noch bezahlen mußten. Das war ihr Mißverständnis. Sie hatten Freiheit falsch verstanden: als Freiheit von aller Belastung und Mitverantwortung.

Auch in unserem persönlichen Leben kann es immer wieder Mißverständnisse über Rang, Wert und Ausdrucksformen der Freiheit geben. Wenn ich mit mir selber bewußt und selbstkritisch umgehe und in die Tiefe schaue, entdecke ich, daß die größten Gefahren für die Freiheit nicht von außen kommen, sondern von innen. Die schlimmsten Tyrannen wohnen in unserem eigenen Herzen. Manches, was sich zunächst als Freiheit anfühlte, entpuppt sich bei klarem Blick als Unfreiheit, als Abhängigkeit. Wer das entdeckt, soll wissen und in Frieden akzeptieren, daß er lange darum ringen muß, ein wirklich freier Mensch zu sein. Paulus sagt: „Selbst wenn es im Himmel oder auf der Erde sogenannte Götter gibt – und solche Götter und Herren gibt es viele –, so haben doch wir nur einen Gott: den Vater. Von ihm stammt alles, und wir leben auf ihn hin. Und einer ist der Herr: Jesus Christus. Durch ihn ist alles, und wir sind durch ihn" (1 Korinther 8,5f). Es gibt viele Götter und Herren, von denen wir uns befreien müssen. Gott ist der Garant dieser Freiheit.

Es fällt auf: In Exodus 3 wird Mose ein Zeichen gegeben. „Gott sagte zu Mose: Ich bin mit dir. Ich habe dich gesandt, und als Zeichen dafür soll dir dienen: Wenn du das Volk aus Ägypten herausgeführt hast, werdet ihr Gott an diesem Berg verehren." Die Gottesverehrung ist das Zeichen der Freiheit. Anbetung macht frei.

Romano Guardini hat den letzten Teil seines Buches

„Der Herr" der Apokalypse gewidmet. Im vierten Kapitel schreibt er über die Anbetung und stellt folgende Frage: „Kann der Geist krank werden?" Dann beantwortet er sie und sagt: „Ja, das kann er, nämlich von seinem Verhältnis zur Wahrheit her. Wenn jemand mit der Wahrheit nicht wahrhaftig umgeht, dann wird der Geist krank." Das ist viel schlimmer, als wenn die Psyche krank wird. Dann fragt er weiter: „Kann der Geist, wenn er krank ist, auch geheilt werden?" und sagt: „Ja, das kann er durch die Anbetung, weil in der Anbetung die Beziehung zur Wahrheit wieder ins Lot kommt." In der Anbetung erneuert sich das Herz in der Wahrheit, reinigt sich der Geist, klärt sich der Blick. In der Anbetung läßt der Mensch Gott Gott sein.

Ein Christus-Hymnus aus dem 4. Jahrhundert betet zu Christus: „O unser Arzt: heile unsere Freiheit. Durch dich möge sie geheilt, durch dich möge sie gesegnet werden. Laß nicht ab, ihr zu helfen. Denn auf dir beruht ihre Genesung." Wer so betet, weiß, wie gefährdet die Freiheit ist, auch in den eigenen Reihen.

In Exodus 20 und ebenso im Buch Deuteronomium (Kapitel 5) werden die Zehn Gebote formuliert. Es gibt zwei Versionen. Als wir sie früher gelernt haben, fingen sie an mit den Worten: „Ich bin der Herr, Dein Gott. Du sollst ..." – zehnmal sollst du etwas. Das klang wie eine Formel von letzter Befehlsautorität. Aber wenn man in die Bibel schaut, dann lesen wir da eine ganz andere Einleitung. Wir haben es also nicht richtig gelernt. Es hat eine Verkürzung stattgefunden, die nicht richtig ist und die das Ganze auf eine falsche Spur gebracht hat. „Dann sprach Gott alle diese Worte: Ich bin Jahwe, dein Gott, der dich aus Ägypten geführt hat, aus dem Sklavenhaus ..." Und dann kommen die Zehn Gebote. Der Kontext ist also wiederum Befreiung: Ich habe dich aus dem Sklavenhaus befreit. Und jetzt gebe ich euch zehn Hinweise mit auf euren Weg, um diese Freiheit zu bewahren und zu schützen, damit ihr wirklich frei seid.

Die Zehn Gebote sind die Magna Charta der Freiheit. Sie proklamieren Gott als den Ursprung und Garant unserer Freiheit. Sie buchstabieren, was Freiheit meint, und zwar von Gott aus, als Gabe und Aufgabe, als Gnade und Gebot. Es mag eine Entdeckung sein, die Zehn Gebote einmal so zu lesen, als Hinweise und Zugänge in die Freiheit.

1. Gebot: Du wirst frei sein, wenn du nichts Gott gleichsetzt. Er ist der alles entscheidende Bezugspunkt deines Lebens. Wenn du Gott Gott sein läßt, dann bist du ein freier Mensch. Wenn du Gott anbetest, dann wird alles andere relativiert, und zwar im doppelten Sinne: Alles andere wird zu Gott in Bezug gestellt, relativiert. Dann auch im Sinne von: Nur Gott ist der Absolute, und alles andere ist relativ. Wenn du Gott wirklich als Gott ehrst und anbetest, dann werden die Prioritäten in deinem Leben geordnet. Und wenn die Prioritäten geordnet sind, dann kannst du geordnet wählen. Dann wird deine Wahl verantwortet. Wenn die Prioritäten durcheinander sind, wenn sie falsch liegen, dann kann man keine gute Wahl treffen. Denn eine Wahl trifft man immer anhand von Prioritäten. Wenn Gott über alles geht, dann wird der Mensch ein freier Mensch.

2. Gebot: Du wirst frei sein, wenn du dem Namen Gottes vertraust: „Ich bin der Ich-bin-da". Du wirst in Angst und Enge seine Weite, in der Unterdrückung seine Freiheit und in der Not seine Liebe erfahren. „Du führst mich hinaus ins Weite. Du machst meine Finsternis hell" (Psalm 18). Der Name Gottes öffnet dein Leben, öffnet deine Enge. Und rechne damit, daß Gott oft unerwartet und immer wieder neu gegenwärtig ist! Du kannst ihn nicht in ein Bild einfangen. Du sollst dir kein Gottesbild machen. Wer Gott in ein Bild einengt, der wird den wirklichen Gott verpassen. Denn Gott kommt immer wieder anders zu uns. Wenn ich mir ein Bild von Gott gemacht habe, dann bin ich nicht mehr offen für die wahre Begegnung mit Gott.

3. Gebot: „Gedenke des Sabbats! Halte ihn heilig!" – Du wirst frei sein, wenn du akzeptieren kannst, daß deine Arbeit, deine Leistungen und Erfolge nicht alles im Leben sind. Du sollst dich nicht von den Menschen her definieren, weder von ihrem Lob noch von ihrem Tadel; denn du trägst in dir einen Kern, der gottunmittelbar ist und in dem du von Gott selber bedingungslos geliebt bist. In diesem Kern kannst du den Frieden finden, den Menschen dir weder geben noch nehmen können.

Wir leben in einer Leistungsgesellschaft, und viele Menschen definieren sich von der Leistung her: Ich bin, was ich leiste. So ist die Welt, und leider Gottes spielt das auch in Kirche und Klöstern eine nicht geringe Rolle. Durch die Leistung kann ich mich profilieren. Durch die Leistung bin ich jemand. Wir Christen sagen zwar immer, das Wichtigste in unserem Leben seien die Gottesbeziehung, das Gebet und der Glaube; aber in der Praxis gelten dann doch besonders jene, die etwas leisten. Sie sind die Guten, die Geachteten, – und wer will nicht geachtet sein? Also leisten wir viel, auch auf Kosten der Gottesbeziehung, des Gebets, des Glaubens. Und eben dies will das Gebot des Sabbats verhindern. Dein Leben ist unendlich viel mehr wert als deine Leistung. Definiere dich nicht aus der Leistung. Dann betest du einen Götzen an und machst dich kaputt. Halt' ab und zu inne und gestalte aus diesem dir umsonst geschenkten Reichtum einfach ein Fest, einen Sabbat. Oder vielleicht in den Worten von Papst Johannes XXIII.: „Giovanni, nimm dich nicht so wichtig!" Und dann ging er schlafen.

4. Gebot: „Ehre deinen Vater und deine Mutter, damit du lange lebst in dem Land, das der Herr, dein Gott, dir gibt." – Du wirst frei sein, wenn du für die Dienste deiner Eltern danken kannst, wenn du dich dem Ursprung deines Lebens anvertraust, der du nicht selber bist; wenn du dich annehmen kannst mit deiner Vergangenheit und ihren Prägungen.

Dieses vierte Gebot erscheint mir von besonderer Bedeutung, um frei zu werden. Wie wichtig ist es, daß meine Eltern mich annehmen, so wie ich bin! Aber ebenso gilt für meine Eltern, daß sie mehr Liebe brauchen, als sie verdienen, daß ich sie, ob sie noch leben oder schon gestorben sind, annehme und in Ehren halte, wie sie sind oder wie sie waren. Solange ich das nicht tue, kann ich auch mich selbst nicht voll entfalten. Viele tun sich schwer mit ihren Eltern und haben an ihnen so manches auszusetzen: an der Erziehung, an der Atmosphäre zu Hause; auch sexuellen Mißbrauch oder Gewalt durch Eltern will ich nicht verschweigen. Es gibt viele Menschen, die sich wahrhaft schwer tun, ihre Eltern zu ehren, geschweige sie zu lieben, auch wenn ihr Herz nie etwas anderes wollte als dies. Und der Weg der Heilung und Vergebung kann schmerzlich und lang sein.

Wenn wir erwachsen sind, können wir uns auch um unserer selbst willen nicht mehr davon dispensieren, in die Versöhnung mit den Eltern zu gehen, in den inneren und – wenn noch möglich – auch äußeren Frieden, aus Liebe. Gleichzeitig bewirkt dieser Friede mehr Selbstannahme und Versöhnung mit der eigenen Lebensgeschichte.

C.G. Jung hat bei einer Tagung für katholische und evangelische Pastoren ein wunderbares Wort gesprochen: „Man wandelt nur, was man annimmt." Ich halte dies für ein goldenes Wort: „Man wandelt nur, was man annimmt." Das gilt z.B. in der Erziehung. Wenn ich ein Kind nicht annehme, kann ich es nicht mehr erziehen, denn das Kind schließt sich ab. Und das Kind hat recht, hat hundertprozentig recht, denn es weiß intuitiv: Dieser Mensch ist eine Bedrohung für meine Person. Also muß ich mich schützen. Oder: Wenn ich eine Krankheit nicht annehme, kann kein Arzt mich heilen. Denn „ich bin ja nicht krank. Nur eine Grippe – morgen wieder vorbei." Wenn jemand seine Krankheit nicht annimmt, wirken die Medikamente nicht oder nur abgeschwächt. Die Gesundung bleibt aus oder dauert wesentlich länger.

So ist es auch mit meiner Lebensgeschichte: Wenn ich sie nicht wirklich annehme, kann ich keinen Frieden finden, keine Freude, werde hart und bleibe ein gespaltener Mensch.

Zu meiner Lebensgeschichte gehören ganz wesentlich meine Eltern. Sie stehen am Anfang. Kommt die Beziehung zu ihnen, wenn sie gestört oder gar bitter belastet war, wieder ins Lot, stützt dies die Selbstbejahung und setzt die Kräfte des eigenen Lebens frei. Darum heißt es auch sehr zu recht: „Ehre deinen Vater und deine Mutter, damit du lange lebst in dem Land, das der Herr, dein Gott, dir gibt." Ehrfurcht vor der Herkunft hat die Verheißung von Zukunft.

5. Gebot: „Du sollst nicht morden." – Du wirst frei sein, wenn du auch das Leben anderer als Geschenk annimmst. Sieh im anderen nicht den Rivalen oder Konkurrenten, der besiegt werden muß, sondern laß dich vielmehr von seinem Reichtum beschenken. Lerne, das Anderssein des anderen als eine Gnade zu erfahren. Und bedenke: Alles Tödliche, alles, was mordet, kommt aus einem eifersüchtigen Herzen. Eifersucht ist lebensbedrohend. Die große Teresa sagt: „Das Vergleichen ist der Tod des geistlichen Lebens." Sie drückt sich ganz massiv aus. Sie sagt nicht: Das ist gefährlich für das geistliche Leben, sondern: Dann ist es aus mit dem geistlichen Leben! Dann ist Schluß. Dann kannst du noch einen Habit tragen, aber das geistliche Leben ist vorbei. Denn das Vergleichen würgt es ab.

Wer vergleicht, schaut nicht mehr auf Gott, sondern schielt auf den Mitmenschen, und das führt entweder zur Unzufriedenheit und Entmutigung oder zur Überheblichkeit. Er steht nicht mehr gegründet in seinem Wesenskern, der ihn mit Gott eins sein läßt.

6. Gebot: Das berühmte und berüchtigte Gebot! – Du wirst frei sein, wenn du Menschen um ihrer selbst willen lieben kannst. Nutze keinen Menschen als Mittel für deine eigenen Ziele und Pläne aus! Binde Menschen nicht an dich, sondern vermittle ihnen Halt in Gott. Vereinnahme sie nicht, sondern respektiere sie. Der Respekt gehört zum Kern der Liebe.

7. Gebot: „Du sollst nicht stehlen" – Du wirst frei sein und neidlos den Besitz anderer gelten lassen können, wenn du für deine Fähigkeiten, Begabungen und deine schöpferische Phantasie von Herzen danken kannst. Die Dankbarkeit ist eine Quelle der Freiheit. Nicht Haben macht dich frei, sondern Loslassen, immer wieder loslassen. Die Dankbarkeit ist eine gesunde und freudige Weise, um zu den Gaben eine richtige Distanz zu gewinnen. Wer sich festklammert an etwas oder an jemanden, ist nicht wirklich dankbar. Dankbarkeit macht frei.

8. Gebot: Du wirst frei sein, wenn du wahrhaftig bist. „Die Wahrheit wird dich frei machen", Wahrheit hier im Sinne von Wahrhaftigkeit. Lügen zerstört Vertrauen, und die Lebenslüge verhindert dein eigenes Glück. Unwahrhaftigkeit verstrickt dich in ein Netz von immer komplizierter werdenden Unwahrheiten und verbannt dich hinter eine Fassade, die ständig morscher wird. So verschwendest du enorm viel Energie und findest nicht den wahren Frieden. Transparenz jedoch befriedet und erfüllt.

9. Gebot: Du wirst frei sein, wenn du tief in deinem Herzen zufrieden sein kannst. Begierde ist Ausfluß eines Herzens voller Fixierungen und Zwänge, dies oder jenes unbedingt haben zu müssen, und wiederum meist die Folge mangelnder Dankbarkeit für erhaltene Wohltaten.

10. Gebot: Zum Schluß: Du wirst frei sein, wenn du bestehende Beziehungen und Bindungen akzeptieren kannst. Versuche dich nicht aufzudrängen oder dich in Freundschaften anderer einzuschleichen. Erfahrungen wahrer Liebe erlebe ich immer als Geschenk. Eine Freundschaft kann ich wollen, aber machen kann ich sie nicht. Und wenn ich mich auf eine Freundschaft fixiere, zerstöre ich sie, weil ich Inneres zum Äußeren machen, Sein zum Haben.

Eine Mutter, Frau eines Arztes, berichtete auf dem Berliner Katholikentag von 1980 über eine tiefe, persönliche Erfahrung.

„Das Leben einer Mutter ist ein einziges Abenteuer. Es vergeht kein Tag ohne Überraschungen. Von einem dieser ‚Abenteuer', das eine Wandlung in meinem persönlichen Leben und in dem meiner Familie verursachte, möchte ich Ihnen erzählen.

Ich bin Mutter von fünf Kindern, die jetzt 21, 20, 19, 15 und 9 Jahre alt sind, – und ich bin eine sehr glückliche Mutter. Doch das war nicht immer so. Es gab eine Zeit – sie liegt noch nicht allzu lange zurück –, da war ich sehr unglücklich. Ich erkannte, daß ich meinen Kindern in ihren Problemen nicht mehr weiterhelfen konnte. Wir verstanden uns nicht mehr. Die Kinder zogen sich von den Eltern zurück. Es kam soweit, daß die psychische Belastung meine Gesundheit angriff. Ich bekam Herzschmerzen, ich fand nachts keinen Schlaf. Die Atmosphäre in unserer Familie war zum äußersten gespannt.

Ich betete viel. Eines Tages bat ich den Herrn: ‚Herr, Du allein kannst helfen! Sage mir, was ich tun soll!' Und ich erhielt eine Antwort: ‚Gib mir deine Kinder zurück. Ich habe sie dir anvertraut, damit du sie eine Zeitlang auf ihrem Weg begleitest. Doch jetzt gib sie in meine Hand zurück. Glaubst du nicht, daß ich sie besser führen kann als du?' Und diese Übergabe habe ich vollzogen, voller Schmerz und voller Freude. Jedes einzelne Kind habe ich ihm zurückgegeben, mit seinen Schwächen und Fehlern, mit seinem Charme und seiner Liebe, mit seinem Hoffen und seinen Zukunftsträumen.

Welch ein Wandel hat sich vollzogen – seither! Ich habe keine Angst mehr, was auch mit meinen Kindern geschieht. Wenn sie auch Wege gehen, die ich nicht verstehen kann, so bin ich gewiß: Er hat sie in seiner Hand. Alles wird gut. Und ein Zweites hat sich gewandelt: unser

42

Familienleben! Eltern und Kinder sind wieder neu zu-
sammengewachsen. Nun kommen unsere Studentenkin-
der am Wochenende nicht nur, um die Wäsche in Ordnung bringen zu lassen, sondern sie freuen sich auf unser
Zusammensein, auf die gemeinsamen Gespräche und Er-
lebnisse. Es kommt mir vor, als hatte der Herr mir meine
Kinder aufs neue zurückgeschenkt. Dank sei ihm!"

*Jedem, der in sich selbst gefangen ist, Gott, schenkst du
dein befreiendes Wort. Zur Freiheit hast du uns berufen,
und daß wir Menschen würden nach dem Bild und dem
Geiste Jesu Christi. Wir bitten dich, gib uns die Kraft, die
er vorgelebt hat; gib uns die Weite, die er aufgetan hat;
gib uns das Vertrauen, das er ausgestrahlt hat; gib uns
die Demut, mit der er geliebt und gedient hat. Mach uns
empfänglich und frei, dann werden wir mit dir leben für
diese Welt, heute und alle Tage. Amen.*

4

„Ich verstehe mich selber nicht" – *Gutes wollen, Böses tun*

Die Liebe, die Gott zu uns hat, zu einem jeden von uns, so wie wir sind, diese Liebe ist der Inhalt unseres Glaubens. Wir können sie nicht verdienen. Wir können sie auch nicht verlieren. Sie währt in Ewigkeit. Sie macht uns frei. Wenn wir wirklich daran glauben können, haben wir nichts mehr zu verlieren, und dann sind wir freie Menschen, so wie Jesus es vorgelebt hat. In dem Maße, in dem wir an diese Liebe glauben, werden wir auch uns selbst annehmen. Das ist die Quelle echter Freiheit. Solange ein Mensch sich selbst nicht annimmt, kann er nicht frei sein. Vor allem in seinen Beziehungen nicht. Er wird darin immer sich selbst suchen, Menschen an sich binden, sich festklammern, andere ausnutzen, aber auch immer wieder enttäuscht werden.

Unsere Freiheit bedeutet auch – und das ist ungeheuerlich –, daß wir Gottes Liebe annehmen, sie aber auch ablehnen können. Mit diesem Einsatz spielen wir das Spiel des Lebensspiels gewöhnlich nicht. Gottes Liebe ablehnen, das tut so schnell keiner von uns. Wir spielen nicht mit „alles oder nichts". Wir spielen mit kleinen Münzen. Wir sagen ja zu der Liebe Gottes, etwa bei der Taufe, bei der Firmung und in anderen wichtigen Situationen auf unserem Lebensweg. Aber es gibt auch eine andere Bewegung, in jedem von uns. Und darin liegt die Gefahr unseres Lebens, daß wir ja sagen und zugleich immer wieder ein wenig davon zurücknehmen, daß wir uns zu Gott hinziehen lassen, aber uns auch ein wenig vor ihm schützen. Denn er ist wie „ein verzehrendes Feuer". Und keiner will sich an ihm verbrennen. Es gibt also diese beiden Bewegungen: die eine auf Gott hin, meist in kleinen Schritten, und diese wird großgeschrieben, thematisiert, und darüber wird geredet, vor allem in den Kirchen oder in den Klöstern. Und es gibt die andere Bewegung: von Gott weg. Darüber reden wir nicht, und sie ist trotzdem da. Gerade weil sie totgeschwiegen wird, hat sie die beste Chance. Sie zeigt sich in verborgenen Kompromissen, heimlichen Bedingungen: Ja, ein Stück weit auf Gott hin, aber dann auch wieder ein wenig zurück. So ist die Bewegung unseres Lebens.

Kompromisse wirken korrosiv, sie fressen an unserer Lebenskraft. Auf Dauer macht Korrosion sogar Stahl mürbe. Und dann bekommt eine Brücke Risse: So ist es auch mit unserem „Jein" zu Gott. Kompromisse und Vorbehalte haben viel Einfluß, zerstörenden Einfluß. Sie sind ja so vernünftig! Wirklich, alle unsere Kompromisse sind ganz vernünftig. Ich kann sie verteidigen und rechtfertigen, einsichtig begründen. Und doch weiß ich tief in meinem Herzen, daß da etwas nicht stimmt.

Der Seher im Buch der Offenbarung schreibt den 7. Brief an die Gemeinde von Laodizea unter anderem diese Worte: „Ich kenne deine Werke. Du bist weder kalt noch heiß. Wärest du doch kalt oder heiß! Aber weil du lau bist, weder heiß noch kalt, will ich dich aus meinem Mund ausspeien" (3,15 f). Gott sagt sehr klar und eindeutig, daß er Grauzonen nicht mag. Dann hat er noch lieber jemanden, der nein sagt. Das ist wenigstens klar.

Die geistliche Tradition und die Theologie sprechen über das „mysterium iniquitatis", vom Geheimnis des Bösen. Das kann man verstehen als das Geheimnis, daß ich wirklich nein sagen kann Gott gegenüber, grundsätzlich, aber vielleicht ist die Tatsache, daß ich nein sagen kann im Kleinen, viel geheimnisvoller. Denn da bleibt vieles undurchsichtig. Da schaue ich nicht mehr durch, und damit bin ich geneigt, es zu verharmlosen und es mit einem eleganten Wort wie „condition humaine", „ist doch nur menschlich", abzutun. Im Grund ist es ein Ausweichen, wenn nicht Verdrängen, Ignorieren.

Romano Guardini hat ein langes und schweres Sterben gehabt. In dieser Zeit besuchte ihn sein Freund Walter Dirks. Der sterbende Guardini sagte ihm dann: „Ich werde bald sterben. Und dann muß ich Rechenschaft ablegen über mein Leben. Das werde ich auch nach bestem Vermögen tun. Aber ich habe selber auch etwas zu fragen. Wenn ich da oben ankomme, dann will ich fragen nach dem Geheimnis des Leidens. Ich verstehe nichts davon." Als er mitten drin war, hat er es überhaupt nicht mehr verstanden. Und doch hat er so wunderbar darüber geschrieben. Dann denke ich: Ja, wenn Guardini es schon nicht verstanden hat, als er drin war, da werden wir es auch wohl nicht verstehen. „Mysterium iniquitatis" – auch dies ist ein Geheimnis des Bösen, wenn ich das Leiden und Sterben als etwas Dunkles betrachte.

Wir können das Wort vom „Geheimnis des Bösen" noch zuspitzen, und so ist es eigentlich in der Tradition auch gemeint: Nicht nur das Leiden, sondern die Schuld ist ein Geheimnis. Es gibt in unserer Schuld eine Dunkelheit, eine Art Betäubung. Ich habe gelesen, daß es Insekten gibt, die in ihren giftigen Stich auch ein wenig Narkotikum, ein Betäubungsmittel mischen, so daß man den Stich nicht so bemerkt. Man ist ein bißchen benommen, und so kann das Gift umso besser wirken. Vielleicht geschieht Vergleichbares auch durch die Sünde. Schuld ist der stille Tod der Seele, wenn wir die Seele als den innersten Kern des Menschen, als gelebte Bezogenheit auf Gott hin verstehen. Jeder schafft sich im Lauf seines Lebens seine eigene, ganz einmalige Schuld. Sie hat etwas von einer Kette mit vielen Gliedern. Sie fesselt uns, sie beklemmt uns, sie würgt ein Stück Leben ab, Leben mit Gott.

Der Limburger Bischof Franz Kamphaus erzählt in seinem Buch „Priester aus Passion" folgende chassidische Geschichte: Rabbi Jizchak Meir sagte mal: „Wenn einer Vorsteher wird, müssen alle nötigen Dinge da sein: ein Lehrhaus und Zimmer und Tische und Stühle, und einer wird Verwalter, und einer wird Diener und so fort. Und dann kommt der böse Widersacher und reißt den innersten Punkt heraus. Aber alles andere bleibt wie zuvor, und das Rad dreht sich weiter. Nur der innerste Punkt fehlt." Der Rabbi hob die Stimme: „Aber Gott helfe uns, man darf es nicht geschehen lassen!" (Freiburg i. Br. ⁴1995, 245). Der innerste Punkt, das ist die gelebte Beziehung zu Gott. Und offensichtlich macht der Bischof sich große Sorgen, daß wir den Betrieb aufrechterhalten, aber daß der innerste Punkt fehlt. „Der innerste Punkt" – sagt der Bischof selber – „ist durch nichts zu ersetzen. Er allein rechtfertigt unsere Existenz." Da stellt sich die Frage, ob wir selber nicht auch gelegentlich mit dem innersten Punkt spielen, ihn in Gefahr bringen.

Schuld ist undurchsichtiger und weniger offenkundig, als wir gewöhnlich denken. Schuld ist schleichend und, wie gesagt, irgendwie auch vernünftig, es ist immer viel dagegen zu sagen. Und doch auch: ein Geheimnis – „mysterium iniquitatis".

Ich möchte vier Aspekte dieses Geheimnisvollen ansprechen. Erst einmal vom Denken her: Mein Verstand kann Schuld nicht begreifen. Sören Kierkegaard sagt: „Kein Mensch ist von sich aus imstande, die Sünde zu erkennen. Eben weil er selber in der Sünde ist, ist all sein Reden über die Sünde im Grunde genommen ein sündhaftes Beschönigen und Verharmlosen." Das Wesen der Sünde ist Lüge, Verleugnung und damit auch Vernebelung der inneren Einsicht. Es ist leichter, als man glaubt, sein Gewissen zu überlisten und sich den Machenschaften des rein Weltlichen anzupassen.

Nochmal der Bischof von Limburg: „Es gehört zum Wesen der Schuld, daß sie uns ihre Tragweite verschleiert, bis die falsche Entscheidung gefallen und es zu spät ist. Dann erst offenbart sie ihr zerstörerisches Wesen." Und darum fängt die christliche Offenbarung nicht an bei unserer eigenen Erfahrung, denn die ist sowieso getrübt und verschleiert, sondern mit dem Wort Gottes, das uns mit unserem Leben konfrontiert, und zwar auch schockartig.

Gelegentlich braucht man so einen Schock. Dazu ein Beispiel: Die Geschichte von David mit Batseba (2 Samuel 11f) finde ich erschütternd. Die Sünde des Ehebruchs ist wirklich schlimm. Aber was danach geschieht, ist furchtbar: David verdrängt seine Schuld und läßt sich alles mögliche einfallen, um das vom ihm gezeugte Kind Urija, dem von ihm Betrogenen, unterzuschieben. Wie er seine Macht – und die Macht eines Königs war groß – mißbraucht, um seine eigene Schuld zu vertuschen. Erst ruft er Urija, den Offizier, aus heiterem Himmel zurück in Urlaub, in der Hoffnung natürlich, daß dieser zu seiner Frau gehe. Urija aber geht abends in die Kaserne. So hatte es sich David nicht vorgestellt. Am nächsten Tag lädt er Urija ein zu einem großen Festessen und macht ihn betrunken. Der große Psalmbeter, David! Aber auch in angetrunkenem Zustand dachte Urija noch klar genug, um nicht nach Hause zu gchen, sondern wieder in die Kaserne. Am folgenden Tag schickt David Urija zurück zum Kriegsdienst, und zwar an die vorderste Front, wohl wissend, daß dies den Tod bedeutet. Er schickt einen Menschen bewußt in den Tod! Und er sieht noch immer nicht, daß dies Sünde, schwere Sünde ist.

Dann kommt Natan, der Prophet, zu ihm mit einer Parabel, einem wunderbaren Gleichnis, wirklich auf Maß geschnitten, und David reagiert spontan: „Der Mann, der das getan hat, ist des Todes schuldig!" Aber er versteht noch immer nicht, daß *er* es ist. – So etwas ist möglich, „mysterium iniquitatis". Es braucht erst einen Mann wie Natan, der ihm sagt: „Du bist dieser Mann." Jetzt erst zeigt sich wieder Davids Größe: Er bekennt seine Schuld. Wie Schuppen fällt es ihm von den Augen, und er sieht seine große Schuld. Ja, er ist dieser Mann.

Paulus hat die Unbegreiflichkeit der Schuld in einer klassischen Stelle so beschrieben: „Ich begreife mein Handeln nicht. Ich tue nicht das, was ich will, sondern das, was ich hasse. Denn ich tue nicht das Gute, das ich will, sondern das Böse, das ich nicht will. Ich unglücklicher Mensch! Wer wird mich aus diesem dem Tod verfallenen

Leib erretten?" (Römer 7). Ich verstehe mich selber nicht – seufzt Paulus.

Ein zweiter Aspekt ist noch wichtiger: Nicht nur mein Verstand kann die Schuld nicht begreifen, sondern auch mein Herz vermag nicht mit ihr umzugehen. Mein Herz ist ebenso überfordert. Und wenn es überfordert ist, versucht es, den Schatten zu verdrängen, die Sache ins Unterbewußte wegzuschieben. Dann weiß ich es nicht mehr, und dem Schein nach ist das Problem gelöst. Das ist es, was David getan hat: Er hat seine Schuld ins Unterbewußte abgeladen.

Jesus kommt darauf in einer schönen Stelle zu sprechen, die den Tiefenpsychologen viel Freude macht: „Jeder, der Böses tut, haßt das Licht und kommt nicht zum Licht, damit seine Taten nicht aufgedeckt werden" (Johannes 3,20). Das Böse will im Dunkeln bleiben. Das ist sein bevorzugter Ort. Da im Dunkeln kann es sich ausbreiten. Das ist seine Welt. Das Böse will nicht ans Licht kommen. Ich staune, daß man das auch in den Psalmen schon so klar findet: „Wer bemerkt seine eigenen Fehler? Sprich mich frei von Schuld, die mir nicht bewußt ist" (19,13). Klipp und klar wird da gesprochen von einer Schuld, die mir nicht bewußt ist. Das kann es geben, eine Schuld, die mir nicht bewußt ist, die ich verdrängt habe. „Sprich mich frei von Schuld, die mir nicht bewußt ist." Übrigens, Psalm 139 geht auch in diese Richtung (Vers 23 f): „Erforsche mich, Gott, und erkenne mein Herz, prüfe mich, und erkenne mein Denken! Sieh her, ob ich auf dem Weg bin, der dich kränkt, und leite mich auf dem altbewährten Weg!"

Nicht nur das Alte Testament hat schon gewußt, daß, wer Schuld auf sich genommen hat, dazu neigt, sie zu verdrängen. Bis in unsere Zeit hat sich daran nichts geändert. Es wird viel Schuld, auch große Schuld verdrängt, ignoriert, verschwiegen oder zerredet, wortreich beschönigt oder als solche geleugnet. Die alten Chinesen haben die Dämonen mit Lärm vertrieben, mit sehr viel Lärm. Sie meinten, dann bekämen die Dämonen Angst und liefen weg. Diese Methode gibt es noch immer: Menschen die mit Lärm die Dämonen vertreiben. Aber es gibt auch kultiviertere, subtilere Weisen, die Schuldgeister loszuwerden: durch wortreiches Zerreden oder Rechtfertigen. Dies ist vor allem ein Spiel der Intellektuellen; man braucht dazu einen entsprechenden Wortschatz, dann wirkt es wunderbar. Wenn ich zum Beispiel launisch, unbeherrscht, voreingenommen oder ungerecht war, dann kann ich das beispielsweise so kaschieren: „Ich bin nun mal ein sehr sensibler Mensch! Wer will mir das zum Vorwurf machen!" Und damit scheint alles zurechtgebogen. „Ich bin nun mal sehr sensibel." So läßt sich so manches schön verpacken und verdrehen, dann sieht es fast wieder schön aus. Das geschieht auch in christlichen Kreisen. Dieses Spiel kennen wir auch.

Ein dritter Aspekt dieses Geheimnisses des Bösen ist mehr praktisch. Meine Schuld oder das Böse, das ich tue, ist immer eine Mischung von Schwachheit und gezielter Bosheit. Es gibt immer diese zwei Komponenten. Da steckt eine gewisse Schwachheit in meiner Schuld. Kein Mensch geht auf sein Zimmer oder verläßt es und sagt: „Jetzt will ich sündigen. Ich lasse mir etwas einfallen." So bewußt beginnt das nicht. Sünde geschieht viel subtiler, versucherischer, indirekter. Und vielleicht wehre ich mich noch oder kämpfe dagegen. Aber dann, gelegentlich, gebe ich nach: Meine Schwachheit siegt, und das gilt für jede Schuld. Da ist immer ein Element der Schwachheit drin: Eigentlich wollte ich gar nicht und tue es dann doch. Das andere Element spielt mit hinein: die Bosheit, der eigene Schatten, eine gewisse dunkle Lust. Denn in Wirklichkeit liegt die Entscheidung zum Fehltritt bei mir selber, ich wähle ihn. Ich habe immer ein gewisses Maß an Freiheit.

Dorothee Sölle erzählte von einem Freund, einem evangelischen Pastor in New York, Gefängnisseelsorger. Da kam einmal ein junger Schwarzer ins Gefängnis, der seine

Mutter ermordet hatte. Dem Pastor, ohne Zweifel mit einem guten Herzen, aber auch zweifellos mit einem Mangel an Einsicht, fielen allerhand Entschuldigungen ein: „Du bist ja in Harlem aufgewachsen, einem Viertel voller Gewalt, und du hast viel zuwenig Liebe erfahren in deiner Jugend", und was weiß ich; das sagte er immer wieder. Und plötzlich ist der Schwarze explodiert: „Hör auf, ich habe meine Mutter ermordet, und das ist schlimm!" Da war der Pastor total erschüttert.

Was ist da abgelaufen? Ein trügerisches Spiel! Der Pastor hat im Grunde nichts anderes gesagt als: „Du kannst nichts dafür." Damit nahm er dem jungen Mann noch die letzte Würde, der aber selbstbewußt und einsichtig genug war, genau dies zu spüren und nicht hinzunehmen. Wenn man diese Begegnung und den Umgang mit Schuld auf den Punkt bringt, geht es darum, gerade dadurch, daß man die Schuld nicht entschuldigt, sondern sie als solche sieht, nimmt man sich selbst oder den anderen in seiner Würde und Verantwortung ernst und achtet ihn.

Es gibt also die beiden Komponenten: Schwachheit und Bosheit. Die eine bedeutet: Wir wollen wohl, aber wir können nicht. Die andere: Wir könnten wohl, aber wir wollen nicht. Und beides läuft ineinander. Da ist Ohnmacht, aber da ist auch meine eigene Absicht. Da gibt es in mir die Unfähigkeit zur Konsequenz, sicher, aber eben auch meine eigene Wahl. Da gibt es – aus welchen Gründen auch immer, denen auf die Spur zu kommen wäre – mein Unvermögen zu widerstehen, aber andererseits bin ich in dem, wie ich entscheide und was ich tue, allein und persönlich zuständig, verantwortlich. Wie gehe ich mit diesen beiden Seiten in mir um? Die Grenzlinie zwischen Schwachheit und Bosheit läßt sich kaum finden. Ich glaube, daß es wichtig ist, dies einzusehen, weil ich immer wieder Menschen begegne, die fast fixiert sind auf das Maß ihrer Schuld. Sie möchten genau wissen, inwieweit sie schuldig sind. Doch das wird man nie ganz aufdecken können. Denn es ist ja nicht so, daß ich sagen kann: Meine Schwachheit reicht bis hierher, und jetzt kommt die Grenzlinie, wo die Bosheit anfängt, die Destruktivität, wie Psychologen sagen würden. Es ist meist viel komplizierter. Etwa so, wie wenn ich zwei Flüssigkeiten vermische und dann versuchen wollte, die eine von den anderen zu unterscheiden.

Darin liegt auch für unsere Lebenspraxis ein ganz wichtiger Aspekt. Schuld ist meist eng verbunden mit eigenen Verletzungen, mit dem, was mir von anderen angetan wurde. Aber wie gehe ich mit meinen Verletzungen um? Wenn ich mit ihnen nicht bewußt, nicht heilsam umgehe, neige ich viel eher dazu, andere zu verletzen und schuldig zu werden. Unerlöste Verletzungen in mir tendieren zu: Unwahrhaftigkeit, Unmäßigkeit, sexuellen Ersatzbefriedigungen, Flucht in ungesundes Essen oder Trinken, Kompromißlosigkeit, Machtkampf, Strebertum – Fehlformen, um mit den eigenen Verletzungen fertig zu werden, was so jedoch nicht gelingen kann. Wer kennt das nicht? Ich bin verletzt worden, bin Opfer einer realen Schuld. Die Gefahr besteht nun darin, mich darauf zu fixieren, so daß ich nur noch die Verletzung sehe, immer wieder darüber rede, aus ihr heraus reagiere und nicht mehr frei bin. Ich merke dabei überhaupt nicht, daß ich den Teufelskreis fortsetze, selber verletze und – mich schuldig mache. So werde ich – aus einem nur mehr auf mich selbst fixierten Opfergefühl heraus – selber zum Täter. Da hilft nur noch, innezuhalten, mir meine Verletzungen – aufrecht, ohne Selbstmitleid und Rachegedanken – anzuschauen und die Tür zur Vergebung zu suchen. Erst dann kann Neues beginnen.

Es liegt etwas Dunkles, etwas Undurchsichtiges in diesen Zusammenhängen. Ich soll das wenigstens wissen und nicht meine ganze Energie darauf verwenden, das Maß meiner Schuld herauszufinden. Es ist viel bedeutsamer, daß ich Vergebung erfahre. Menschen mit dieser Obsession kann nur schwer geholfen werden. Für Vergebung können sie sich nicht wirklich öffnen, weil sie fixiert sind auf die Schuldfrage und nicht offen genug, um Gottes Vergebung anzunehmen und zuzulassen.

Dann viertens – es hängt mit dem dritten Aspekt eng zusammen: Ich kann meine Schuld nie ganz in Worte fassen. Das gelingt immer nur teilweise. Ich bin sicher: Auch nach einer guten Beichte, nach einem guten Beichtgespräch drängt sich nicht selten der Eindruck auf, nicht alles gesagt zu haben. Wir können nicht alles sagen. Mit anderen Worten, die etwas riskant sind, weil sie mißverstanden werden können, – ich gehe aber jetzt einmal davon aus und hoffe, daß Sie sie gut verstehen – könnte man sagen: Jede Beichte ist auch symbolisch. Das, was ich bekenne, steht für noch viel mehr. Ich kann es auch in einem Bild ausdrücken: Schuld ist wie ein Eisberg. Bei einem Eisberg sind nach einem Naturgesetz etwa 90% unter Wasser, unsichtbar, und 10% über Wasser, sichtbar. Ähnlich verhält es sich mit der Schuld. Da ist immer eine Spitze über Wasser, die sehe ich, die ist mir bewußt; und da ist dann noch viel mehr unter Wasser, und das sehe ich nicht: Gnade des Unbewußten! Ich bleibe noch bei diesem Bild und strapaziere es ein wenig: Da gibt es Menschen, die sich ins Wasser begeben, um ihren Eisberg herumschwimmen und versuchen, ihn zu heben. Das ist unmöglich. Denn was ich hier gewinne, das verliere ich dort. Es bleibt immer 1 zu 9. Außerdem ist es da sehr kalt. Das Wasser um den Eisberg hat Null Grad, auch ein Naturgesetz! Weder Gott noch die Kirche verlangen, daß ich mich abquäle, um die Vollständigkeit des Bekenntnisses zu erreichen. Es reicht, daß ich sehe und bekenne, was mir ohne allzu strapaziöse Mühe bewußt ist. Ansonsten wird der Schwerpunkt der Beichte verlagert. Dann liegt er nicht mehr bei der Vergebung Gottes, sondern bei meinem Bekenntnis. Und das ist nicht die wahre Mitte der Beichte.

Wenn das Dunkle der Schuld, der kleinen und großen Gottesfernen, so geheimnisvoll ist, so undurchsichtig, so unklar, dann ist die heilsame Reaktion auf dieses Geheimnis des Bösen in mir – die Reue – eine Gnade und nicht die Frucht meiner eigenen Leistung. Reue wird mir geschenkt. Reue kann ich nicht machen. Die Reue, die ich mache, ist viel zu angespannt, zu verkrampft und nicht selten gepaart mit dem Versuch, mich vor Gott zu rechtfertigen. Wahre Reue hat alle Früchte des Geistes in sich (vgl. Galater 5,22): Friede, Freude, Zuversicht, Hoffnung etc. Wenn das in meiner Reue fehlt, habe ich sie selber produziert, und diese Mühe können wir uns ersparen. Reue ist eine Frucht der Gnade. Im dritten Klagelied heißt es: „Das will ich mir zu Herzen nehmen, darauf darf ich harren: Die Huld des Herrn ist nicht erschöpft, sein Erbarmen ist nicht zu Ende. Neu ist es an jedem Morgen; groß ist deine Treue. … Gut ist es, schweigend zu harren auf die Hilfe des Herrn" (3,21–26).

So wächst in mir die wahre Reue, wenn ich mich auf Gott ausrichte und nicht auf mich. Denn die Gefahr ist: Es gibt eine Art Sündenbewußtsein, die um sich selbst kreist. Das ist nicht gesund und auch nicht biblisch. Biblisches Schuldbewußtsein ist nicht so akribisch, skrupelhaft detailliert. Es schöpft vielmehr aus der Begegnung mit Gott. Nach dem Fischfang sagt Petrus: „Geh weg von mir, Herr, denn ich bin ein sündiger Mensch" (Lukas 5,8). Dieses Sündenbewußtsein ist nicht das Ergebnis dessen, daß Petrus noch rasch sein Gewissen erforscht und ein paar Fehler gefunden hat, sondern ist die Resonanz dessen, daß ihm in Jesus die Herrlichkeit Gottes aufgeleuchtet ist. Und dann weiß er intuitiv, daß er ein sündiger Mensch ist.

Jesaja spricht ähnlich: „Weh mir, ich bin verloren, denn meine Augen haben den Herrn der Heerscharen gesehen" (6,5). Für Christen ist der privilegierte Ort der Selbsterkenntnis und Gnade die Begegnung mit Jesus am Kreuz. Wenn ich mich auf ihn ausrichte, auf ihn schaue, ist das der schnellste und auch der beste Weg, um mir meiner eigenen Schuld bewußt zu werden und mich zu öffnen für seine verzeihende Liebe.

Wenn ich vor dem Kruzifix knie oder sitze, dann kann

ich meine Schuld nicht beschönigen, dann kann ich nicht mehr sagen: Ach, so schlimm war es eigentlich nicht. Zugleich bin ich hier aber auch bewahrt vor der Hoffnungslosigkeit. Das Kreuz ist das Schlimmste, das die Erde der Erde und dem Himmel angetan hat. Und zugleich ist das Kreuz auch das Schönste, das der Himmel der Erde gegeben hat: Liebe bis zum Äußersten. Darauf soll ich mich ausrichten. Dann wird mir meine Schuld bewußt, dann werden Verdrängungen gelöst und der Gnade eine Tür geöffnet. So werde ich der Versuchung widerstehen zu meinen, daß ich Gottes Barmherzigkeit nicht wert bin, weil meine Sünde zu groß ist. Denn hier widerfährt mir die Gewißheit, daß sie eigentlich schon vergeben ist. „Bei dir ist Vergebung, und davon leben wir."

Gott, schon immer hat dein Name auf dieser Erde gewohnt und hält uns in Atem. Er hieß und bedeutete vieles. Aber im Leben und Tod und in der Auferstehung Jesu Christi hast du endgültig geoffenbart, wer du bist. In ihm finden wir dich, unseren Vater. Er ist dein ganzes Wort und deine ganze Verheißung. Er ist unser Erlöser. Er macht uns wirklich frei. Wir bitten dich, ziehe uns hin zu ihm, damit wir mehr und mehr vertraut werden mit dir, heute und alle Tage. Amen.

5

Ein jeder bedarf der Vergebung

Beim Propheten Micha heißt es: „Wer ist ein Gott wie du, der du Freude daran findest, barmherzig zu sein?" (7,18ff). Gott vergibt gerne. Wir haben vielleicht Schwierigkeiten mit dem Sakrament der Versöhnung: immer wieder dasselbe, was es zu sagen gilt; das wird Gott wohl langweilen. Dieser Gedanke ist eher eine Projektion. Damit schiebe ich Gott in die Schuhe, womit *ich* ein Problem habe. Er kennt uns Menschen sicher besser als wir uns selbst. Für ihn liegt es sozusagen auf der Hand, daß Menschen immer wieder den gleichen Schwächen nachgeben, in die gleichen Schattenfallen laufen und somit jeder seine spezifischen Schuldthemen hat.

Natürlich ist da – auf der anderen Seite – mein Stolz. Er ist frustriert, er agiert, wehrt ab, schwächt ab: „Das ist doch eigentlich kein Drama, gar nicht so schlimm. Jeder Mensch hat halt seinen Schatten, seine Schwachstelle. Und dann geht es halt immer mal wieder schief. Wer kennt das nicht? Das muß uns doch gar nicht wundern, auch wenn es uns frustriert." Dabei ist es aber ganz heilsam, Böses, Dunkles auch böse und dunkel zu nennen. Denn sonst würde ich auf Dauer vielleicht versucht sein zu denken: „Naja, so bin ich halt." Oder wenn man es etwas frömmer ausdrückt: „So hat Gott mich halt gemacht." Auf diese Weise schließe ich einen faulen Frieden mit meinem Versagen oder mit meiner Mittelmäßigkeit und höre auf, zu reifen und gerade an meinen Schwächen zu wachsen. Das wäre ein großer Verlust für mich selbst, für meinen Lebens- und Glaubensweg. Denn auf diese Weise höre ich auf, aus Vergebung zu leben.

In Psalm 130,4 heißt es in der Einheitsübersetzung: „Bei dir ist Vergebung, damit man in Ehrfurcht dir diene." – Der geistliche Schriftsteller Huub Oosterhuis, unterstützt von zwei namhaften Exegeten, übersetzt diesen Satz so: „Bei dir ist Vergebung, und davon leben wir." Ich bin sicher, daß er die Übersetzung verantworten kann, und ich finde sie sehr treffend. „Bei dir ist Vergebung, und davon leben wir." Wir leben von Vergebung. Das ist gleichsam eine ganz gesunde Kost. Wenn Vergebung über längere Zeit auf unserem geistlichen Speiseplan fehlt, wird unsere Seele krank, so wie der Körper krank wird, wenn wir gewisse Vitamine längere Zeit nicht zu uns nehmen.

„Wer ist ein Gott wie du, der du Freude daran findest, barmherzig zu sein?" (Micha 7,18–20). Gott muß sich gar nicht überwinden, uns zu vergeben. Im Gegenteil, er findet Freude daran. Vergebung ist gewissermaßen die Vollendung der Liebe. Liebe zeigt ihre äußerste Tiefe in der Vergebung und schafft so neues Leben. Das gilt im prägnantesten Sinn für Gottes Liebe. Einen anderen markanten Text finden wir beim Propheten Zefanja. Als Christen, die auch das Alte Testament zur Heiligen Schrift zählen, dürfen wir es als zu uns persönlich gesagt nehmen: „Juble, Tochter Zion, jauchze, Israel, freue dich und frohlocke von ganzem Herzen, Tochter Jerusalem. Der Herr hat das Urteil gegen dich aufgehoben und deine Feinde [ich denke hier vor allem an die inneren Feinde und Schattenkräfte in mir selbst] zur Umkehr gezwungen. Du hast kein Unheil mehr zu fürchten." Dann heißt es weiter in der Übersetzung der Jerusalemer Bibel: „Fürchte dich nicht, Zion, laß die Hände nicht sinken. Er, dein Gott, ist drinnen bei dir, ein Held, der befreit. Er entzückt sich an dir in der Freude" (3,14–20).

Diese Worte, diese Zusage kann ich jetzt wirklich zulassen, sie ganz offen in mich aufnehmen, nicht blasiert oder allzu bescheiden, sondern so akzeptieren, wie sie (mir) gesagt ist, in aller Einfachheit, in aller Demut: daß Gott sich an mir in der Freude entzückt! Versagen wir Gott diese

Freude nicht! „Er schafft dich neu in seiner Liebe. Er springt deinetwegen auf in Jauchzen wie an den Tagen der Feste." Der tanzende Gott, meinetwegen. „Wer ist ein Gott wie du, der du Freude daran findest, barmherzig zu sein?"

Sehr schön heißt es bei Baruch: „Leg ab, Jerusalem, das Kleid deiner Trauer, deines Elends, und bekleide dich mit dem Schmuck der Herrlichkeit, die Gott dir für immer verleiht. Leg den Mantel der göttlichen Gerechtigkeit an, setze dir die Krone der Herrlichkeit des Ewigen aufs Haupt ..." (5,1f).

Jesus hat diese Freude des Vaters noch schöner beschrieben. In 15. Kapitel des Lukasevangeliums erzählt er drei Gleichnisse: das eine vom verlorenen Schaf, das andere von der verlorenen Drachme und das dritte, großartige Gleichnis: vom verlorenen Sohn. Alle drei haben die gleiche Pointe. Es geht dreimal um die Freude des Finders: um die Freude des Hirten, nicht um die Freude des Schafes, das gefunden wurde – das wird sich auch wohl gefreut haben, nehme ich an, aber das ist nicht das Thema. Das Thema ist die Freude des Hirten. Es heißt da: „Wenn er es gefunden hat, nimmt er es voll Freude auf die Schultern. Und wenn er nach Hause kommt, ruft er seine Freunde und Nachbarn zusammen und sagt zu ihnen: Freut euch mit mir; ich habe mein Schaf wiedergefunden, das verloren war."

Dann die Freude der Frau: Gott, verglichen mit einer Frau aus dem Volk, die auf den Knien durchs Haus rutscht, um eine verlorene Drachme zu suchen – so ist Gott in allen Lebenswinkeln auf der Suche nach dem Menschen!

Und dann im dritten Gleichnis: die Freude des Vaters. Sicher hat auch der Sohn sich sehr gefreut, aber darüber wird kein Wort gesagt; das ist wiederum nicht das Thema. Das Thema ist die Freude des Finders. So ist unser Gott.

Kurz vorher ruft Jesus voll Freude, vom Heiligen Geist erfüllt, aus: „Ich preise dich, Vater, Herr des Himmels und der Erde, weil du all das den Weisen und Klugen verborgen, den Unmündigen aber offenbart hast. Ja, Vater, so hat es dir gefallen. ... Niemand weiß, wer der Vater ist, nur der Sohn und der, dem es der Sohn offenbaren will" (Lukas 10,21f). Genau das will er hier: uns offenbaren, wer der Vater ist. Er tut es in diesen drei Gleichnissen: Da offenbart er uns den Vater als denjenigen, der sich freut, uns wiederzufinden.

Die Freude des Vaters – diese Freude will Jesus uns vermitteln. „Dies habe ich euch gesagt, damit meine Freude in euch ist, und damit eure Freude vollkommen sei" (Johannes 15,11; vgl. 16,24 und 17,13). Er will uns vollkommene Freude vermitteln, die Freude der Vergebung. Bereits sein Name deutet es an, vor allem in der Erklärung des Evangelisten Matthäus. Ein Engel erscheint Joseph in einem Traum und sagt: „Joseph, Sohn Davids, fürchte dich nicht, Maria als deine Frau zu dir zu nehmen; denn das Kind, das sie erwartet, ist vom Heiligen Geist. Sie wird einen Sohn gebären. Ihm sollst du den Namen Jesus geben, denn: Er wird sein Volk von seinen Sünden erlösen" (1,20f).

Interessant daran ist, daß Matthäus hier über die Etymologie hinausgeht. „Jeschua" im Aramäischen bedeutet: „Gott rettet", oder: „Gott befreit", oder: „Gott erlöst". Aber „... von seinen Sünden" steckt etymologisch nicht in diesem Namen „Jeschua"; das fügt Matthäus hinzu. Damit spitzt er die Aussage zu. Der Name Jesu artikuliert seine Identität, und zwar in einer ganz bestimmten Richtung. „Er wird sein Volk von seinen Sünden erlösen." Das vor allem ist die Freude, die Jesus uns vermitteln will. So will er uns Gott, den Vater, offenbaren, damit wir in seine Beziehung zum Vater eintreten können. Alle, die ihm vertrauen und sich von seinem Geist leiten lassen, sind Kinder Gottes, „denn ihr habt nicht einen Geist empfangen, der euch zu Sklaven macht, so daß ihr euch immer noch fürchten müßtet, sondern ihr habt den Geist empfangen, der euch zu Söhnen und Töchtern macht, den Geist, in dem wir rufen: Abba, Vater!" (Römer 8,15). Wir können also so „Abba", so „Vater" sagen, wie Jesus es gesagt hat. Das wäre unsere Bitte im Namen Jesu: den Vater so kennen und so lieben zu lernen, daß wir voll Vertrauen und voller Freude „Abba", „guter Vater", sagen können, daß wir alle Blasiertheit, alle Selbstgerechtigkeit überwinden und ebenso alle Angst vor der Gottesnähe ablegen, daß wir etwas von dieser Barmherzigkeit erfahren mögen.

Man hat das Gleichnis vom verlorenen Sohn – oder besser: vom barmherzigen Vater – „evangelium in evangelio" genannt, das Herz der Frohbotschaft Jesu. Es beginnt mit einer Beschreibung der Großherzigkeit des Vaters und der Schuld des jüngeren Sohnes und deren Folgen.

„Ein Mann hatte zwei Söhne. Der jüngere von ihnen sagte zu seinem Vater: Vater, gib mir das Erbteil, das mir zusteht. Da teilte der Vater das Vermögen auf. Nach wenigen Tagen packte der jüngere Sohn alles zusammen und zog in ein fernes Land. Dort führte er ein zügelloses Leben und verschleuderte sein Vermögen. Als er alles durchgebracht hatte, kam eine große Hungersnot über das Land, und es ging ihm sehr schlecht. Da ging er zu einem Bürger des Landes und drängte sich ihm auf. Der schickte ihn aufs Feld zum Schweinehüten. Er hätte gern seinen Hunger mit den Futterschoten gestillt, die die Schweine fraßen. Aber niemand gab ihm davon."

´ „Das Erbteil, das mir zusteht". Er hat – nach damaligem Gesetz und Brauch – ein Recht darauf. Aber – er will es vorzeitig: ‚Vater, ich will nicht warten, bis du tot bist, ich will es jetzt schon haben.' Da liegt die Sünde. Eine Autonomie, die alle Heteronomie verneint; an sich reißen, in eigene Hände nehmen, ohne Rücksicht auf den, der es schenkt, ohne Rücksicht auf die Quelle. Und der Vater – er respektiert den Freiheitswillen seines Sohnes, den er liebt, auch wenn diese Freiheit hier mißbraucht wird. Der Vater übt keinen Zwang aus, keinen Zwang zu bleiben, keinen Zwang zurückzukommen.

Daß Gott nie und niemanden zwingt: Das ist die Größe seiner Macht und die Weite seiner Liebe. Und wir? Wenn es kritisch wird, zwingen wir ohne Zögern und Bedacht. Wenn alles in Ordnung und in unserem Sinne ist, sind wir's zufrieden. Wenn nicht, reißen wir das Ganze an uns und üben Druck aus. Gott nicht, auch nicht, wenn es kritisch wird. Er respektiert unsere Freiheit, immer.

Die Folgen der Schuld werden auch beschrieben: Leere und Einsamkeit, keine Beziehungen mehr. Solange der junge Mann Geld hatte, hatte er auch viele Freunde. Aber als das Geld vergeudet war, waren auch die Freunde und Freundinnen weg. Dann treibt ihn die Not zu den Schweinen. Damit schildert Jesus den absoluten Tiefpunkt, denn in ganz Israel galten Schweine als unreine Tiere. Doch er sinkt noch tiefer: Ihm geht es schlechter als den Schweinen. Denn diese haben zu fressen, und er hat gar nichts mehr, um seinen Hunger zu stillen.

Genau an diesem Tiefpunkt kommt er zur Einsicht: „Da ging er in sich und sagte: Wie viele Tagelöhner meines Vaters haben mehr als genug zu essen, und ich komme hier vor Hunger um. Ich will aufbrechen und zu meinem Vater gehen und zu ihm sagen: Vater, ich habe mich gegen den Himmel und gegen dich versündigt. Ich bin nicht mehr wert, dein Sohn zu sein; mach mich zu einem deiner Tagelöhner. Dann brach er auf und ging zu seinem Vater." Die Motive zur Rückkehr scheinen zunächst nicht sehr erhaben. Das Motiv ist Hunger: Bei meinem Vater bekomme ich zu essen. Vielleicht ist jede Rückkehr zu Gott die Folge eines Hungers. „Unruhig ist unser Herz, bis es Ruhe findet in dir" (Augustinus).

In seinem tiefsten Elend öffnet sich dieser Mensch und verkriecht sich nicht länger in sich selbst. „Ich will zu meinem Vater gehen und ihm sagen: Vater, ich habe mich gegen den Himmel und gegen dich versündigt", in zwei Dimensionen: vertikal und horizontal. Jedes reife Schuldbewußtsein sieht immer diese zwei Dimensionen. Schuld hat immer eine vertikale Komponente und auch immer eine horizontale. Damit steht er auf und geht zu seinem Vater. „Dann brach er auf und ging zu seinem Vater."

Es gehört zur echten Reue, daß ich meine Schuld bekenne. Falsches, selbstquälerisches Schuldbewußtsein dreht sich nur um sich selbst. Falsches Schuldbewußtsein wird zu einem Monolog, zu einem Teufelskreis. Echtes, aufrechtes Schuldbewußtsein führt zu einem Dialog, bekennt sich, drückt die Schuld in Worten aus. Ich glaube, es ist ein Urbedürfnis im Menschen, seine Schuld auszusprechen.

Und dann auch noch dies: „Ich bin nicht mehr wert, dein Sohn zu sein. Mach mich zu einem deiner Tagelöhner." Ein Element echter Reue und des ersten Schritts nach vorn ist: daß ich meine vermeintlichen Rechtsansprüche fallen lasse und nur mehr darauf baue: „Bei dir ist Vergebung, und davon leben wir."

Wer so Vergebung erfahren hat, lebt anders. Das prägt einen Menschen. Er steht anders in der Gemeinschaft. Wer Versöhnung wirklich erfahren hat, lebt nicht mehr aus der Angst um das eigene Prestige und Image, nicht aus der Angst, sich eine Blöße zu geben, nicht aus der Angst, sich etwas zu vergeben, nicht aus der Angst, sein Gesicht und seine Würde zu verlieren. Versöhnte leben anders. Sie wissen sich mit ihren Stärken und Schwächen, mit ihrer Würde und Bürde getragen von dem, der uns mit sich versöhnt. Aus diesem Glauben, aus dieser Erfahrung lebt man anders. Dann muß man nicht mehr den anderen neben sich heruntermachen, um selbst als groß zu gelten. Dann kann ich auch den anderen groß sein lassen und mich darüber freuen. Dann muß ich den Menschen neben mir nicht in den Schatten stellen, dann kann ich den anderen zum Strahlen bringen.

Dann muß man nicht mehr den starken Mann oder die starke Frau spielen. Man kann offene Flanken zeigen. Dann muß nicht jeder sich selbst der Nächste sein, man kann auch im anderen den Nächsten entdecken. Man muß nicht immer fragen: „Was springt dabei für mich heraus?" sondern kann auch fragen: „Was hat der andere davon?" Das geht, das ist möglich, wenn ich aus Vergebung lebe, wenn ich diese Kost immer wieder zu mir nehme.

Der Sohn ist mutig; er bricht auf. „Dann brach er auf und ging zu seinem Vater." Jetzt kommt der Höhepunkt des Gleichnisses. Der Vater sieht seinen Sohn von weitem „und hatte Mitleid mit ihm". Dies ist (in der Einheitsübersetzung) viel zu glatt übersetzt. Im griechischen Urtext steht ein Wort, das bedeutet: „Da wurde er von seinen Eingeweiden überrollt. Da wurden seine Gefühle so gewaltig. Es ging ihm an die Nieren." Im Vater wallten die tiefsten Gefühle auf. Er lief seinem Sohn entgegen.

Dies würde ein orientalischer Scheich nie tun. Der bliebe auf seinem Thron sitzen und ließe den Jüngeren kommen, um ihn dann vielleicht huldvoll zu empfangen. Hier ist es ganz anders. Dieser Vater hat auch nicht überlegt: „Wie verhalte ich mich jetzt? Welche Bedingungen stelle ich? Lasse ich ihn zu mir, oder schicke ich ihn zurück?" Der Vater kennt nur eines: Barmherzigkeit und Freude. „Wer ist ein Gott wie du, der du Freude daran findest, barmherzig zu sein?"

Als erstes erfährt der Sohn die übergroße Freude des Vaters. Solches hat er nicht zu erwarten gewagt. Vielleicht hat er auf dem Weg nach Hause alle möglichen Szenarien durchgespielt: wie der Vater möglicherweise reagieren könnte; wie er dann darauf antworten würde. Aber *diese* Möglichkeit hatte er nicht bedacht. Das konnte er sich bei aller Phantasie nicht vorstellen, daß der alte Vater buchstäblich auf ihn zulaufen und ihn umarmen würde, voller Freude.

Die Freude des Vaters! Da liegt das Herz dieses Gleichnisses. Diese überschwengliche Freude ist Zeichen und Ausdruck seiner Liebe. Der Vater würde sich nicht so gefreut haben, wenn er den Sohn abgeschrieben hätte.

Werner Bergengruen hat in seiner Novelle „Der spanische Rosenstock" gegen Ende ein wenig unvermittelt, aber sehr einfach und tief geschrieben: „Zwar erprobt sich die Liebe in der Treue, sie vollendet sich aber in der Vergebung." Diesen Satz habe ich vor Jahrzehnten gelesen. Er hat sich mir tief eingeprägt. Ich habe mich oft an ihn erinnert. Meist habe ich dabei an ein älteres Ehepaar gedacht: In Jahrzehnten von Treue hat sich ihre Liebe erprobt, ist Verliebtheit zur Liebe geworden. Aber wenn jetzt der eine dem anderen einmal wirklich etwas zu vergeben hat und das auch kann und tut, dann ist es die Vollendung, die Reife der Liebe. Das leuchtete mir ganz tief ein: Vergebung als die Vollendung der Liebe.

Erst vor ein paar Jahren ging mir plötzlich auf: Dieser Satz gilt genauso für Gott, das kann man genauso von Gott sagen. Die Liebe Gottes erprobt sich in der Treue, doch auch die Liebe Gottes vollendet sich in der Vergebung. Dann habe ich verstanden, warum Gott so gern vergibt. Wenn Vergebung die Vollendung der Liebe ist, und wenn Gott Liebe ist, dann ist Vergebung – ein wenig schlicht gesagt: die Vollendung des Wesens Gottes. Oder: Gott ist nie mehr Gott, als wenn er vergibt. Darin liegt die göttliche Freude.

Wenn wir etwas von dieser Freude erfahren dürfen, dann ist das für uns eine ganz große Gnade. Im „Benedictus", dem Lobpreis des Zacharias, lesen wir: „Du wirst sein Volk mit der Erfahrung des Heils beschenken in der Vergebung der Sünden." Auch diesen Vers habe ich sehr gern. Die Erfahrung des Heils! Ich weiß nicht, woran Sie dabei spontan denken. Ich würde dann an den Gipfel der Mystik denken. Das muß doch etwas ganz Besonderes sein: die Erfahrung des Heils! Sie liegt in der Vergebung der Sünden. Hier geschieht Heil. Das ist es, was Bergengruen ausgedrückt und was der verlorene Sohn erfahren hat.

Im zweiten Kapitel habe ich geschrieben: Gottes Liebe beruht auf nichts, sie setzt nichts voraus. In der Vergebung kann ich das erfahren: Ich komme nicht nur mit leeren Händen – wären sie nur leer! –, sondern mit Händen voll Bruchstücken und Trümmern. Dennoch werde ich glänzend empfangen und geehrt: mit einem Festgewand, mit Schuhen, einem Ring, einem Festessen, mit allem. Dann kann ich erfahren, daß die Liebe Gottes wahrhaft auf nichts beruht, und so komme ich zum Fundament meines Lebens. Anders ausgedrückt: Das Sakrament der Versöhnung besagt: die Erfahrung machen, daß ich auch dort, wo ich von mir aus nichts einzubringen habe außer mein Versagen und meine Schuld, ganz willkommen und bedingungslos angenommen bin.

Dann ahne ich, wie groß die Liebe des Vaters sein muß. Der Vater umhüllt den Sohn mit seiner Liebe wie mit einem Festgewand. Das Sprachspiel des Vaters ist „Freude" und „Fest", „Sohn" und „Kind" und „wieder lebendig", und das Sprachspiel des Sohnes ist „Hunger" und „Elend", „Schoten" und „Schweine" und „Tagelöhner". Jetzt wird der Sohn in die Welt des Vaters aufgenommen. „Gott hat uns der Macht der Finsternis entrissen und aufgenommen in das Reich seines geliebten Sohnes. Durch ihn haben wir die Erlösung, die Vergebung der Sünden" (Kolosser 1,13 f.).

Versöhnung – das hat der Limburger Bischof Franz Kamphaus in einem Hirtenbrief einmal ausgeführt – hat immer auch eine kosmische Dimension. Das nächstliegende Stück Welt, das Verzeihung und Frieden braucht, bin immer ich selber. Und zugleich geschieht so ein Stück Versöhnung und Wiederherstellung der ganzen Welt. Bei mir fängt es an, bei mir bricht dann wieder etwas mehr vom Reich Gottes durch, das Vergebung, Versöhnung, Liebe heißt.

In Aachen bedienen wir Jesuiten die Beichtkirche der Stadt, und da wird viel gebeichtet. Immer wieder habe ich beobachtet, wie Menschen sich viel Zeit nehmen, ihre Beichte vorzubereiten, aber nach der Beichte meist schnell wieder gehen. Das ist gewiß nicht nur in St. Alfons in Aachen so. Damit bekommt das Sakrament jedoch keine Chance, sich zu entfalten. Es wird geradezu abgewürgt. Denn was nach der Beichte kommt, ist ebenso wichtig wie die Vorbereitung, und dafür sollten wir uns nicht weniger Zeit nehmen. Vergebung in mich aufnehmen ist ein Prozeß: Dafür brauche ich Zeit, viel Zeit. Der Prozeß ist erst beendet, wenn ich auch mir selbst vergeben kann. Eher darf ich nicht aufhören mit dieser Nachbereitung.

Nach der Beichte gibt es eine doppelte Freude: die Freude der Erleichterung, daß ich es hinter mich gebracht habe. Aber es gibt noch eine zweite Freude: die Freude, mit der Gott vergibt und von der ich etwas verspüren darf. Das ist die große Überraschung des verlorenen Sohnes gewesen, die Freude seines Vaters. Damit hatte er nicht gerechnet. Diese Freude des Vaters hat ihn überwältigt. Etwas von dieser Freude zu verspüren, ist die Gnade, um die es hier geht. Denn in dieser Freude wächst neues Leben. Was nicht in Freude wächst, hat keine wirkliche Zukunft. Mit Willenskraft und mit Vorsätzen allein kommt selten etwas bleibend Neues zustande. Aber in der Freude wächst neues Leben. Und was in der Freude wächst, das hat Zukunft, das hat eine Chance.

Gott bagatellisiert unsere Schuld keineswegs. Er läßt nicht einfach fünf gerade sein, sondern nimmt die Schuld ganz ernst, geradezu tödlich ernst. Schuld läßt sich nicht mit einer Handbewegung beiseite wischen. Der Gott des Bundes und der Treue nimmt das Leid des Ungetreuen auf sich. Ihm wird dieser Bundesbruch selbst zur Passion der Liebe, zum Kreuz. Paulus deckt hier tiefe und umfassende Zusammenhänge auf: „Die Liebe Christi drängt uns, da wir erkannt haben: Einer ist für alle gestorben. Also sind alle gestorben. Und er ist für alle gestorben, damit die Lebenden nicht mehr für sich leben, sondern für den, der für sie starb und auferweckt wurde." Die biblische Wirklichkeit der Stellvertretung spielt hier eine entscheidende Rolle. Am Schluß heißt es dann: „Gott hat den, der keine Sünde kannte, für uns zur Sünde gemacht, damit wir in ihm Gerechtigkeit Gottes würden" (2 Korinther 5,14–21). Die Sünde der Menschen hat sich sozusagen in Jesus voll ausgewirkt, und so wurde Versöhnung geschaffen.

Der englische Benediktiner Sebastian Moore hat hierfür ein treffendes Bild: Das Böse ist diffus überall in dieser Welt gegenwärtig, auch in mir, wie Staub, wie Gas, das überall alles durchdringt. Es ist auch in allem, was wir tun, aber: ungreifbar, wie der Äther. Wenn nun aber der

Allheilige in dieser Welt erscheint, dann kristallisiert sich das Böse. Plötzlich wird das Böse, das immer so ungreifbar war, ganz massiv. Es macht eine Faust, und es schlägt den Allheiligen ans Kreuz. Da tobt das Böse sich aus in der Person Jesu. Das ist sein Tod. Der Tod Jesu war nicht so sehr ein Preis, der dem Vater bezahlt werden mußte, sondern das Böse hat sich in Jesus ausgetobt, und dabei ist es endgültig zusammengebrochen.

Herr, unser Gott, wer auch mit dir gebrochen hat, er kann zu dir zurück. Denn nichts ist unheilbar vor dir. Unwiderruflich allein ist deine Liebe. Wir bitten dich, erinnere uns an deinen Namen, damit wir uns zu dir bekehren, und sei unser Vater, immer von neuem. Schenk uns das Leben und deine Liebe, wie unverdientes Glück, von Tag zu Tag, heute und immer. Amen.

6

„Ich habe euch erwählt, daß ihr euch aufmacht und Frucht bringt" – Sendung

Ich weiß, daß die Etymologie ein heikles Feld ist und daß man sich hier auch irren kann. Trotzdem möchte ich einmal versuchen, ein Wort etymologisch zu erklären. Das Wort „remissio" im Lateinischen, von daher in romanischen Sprachen und auch im Englischen, bedeutet „Vergebung". Ich kann das Wort verstehen als re-missio, als eine neue, eine Wieder-Sendung. Diese Bedeutung leuchtet mir ein. Wenn ich Vergebung empfange, dann ist die neue Sendung eigentlich die Krönung der Vergebung. Durch sie habe ich wieder das volle Vertrauen dessen, der mir vergeben hat und mich jetzt wieder sendet. Denn in der Sendung liegt ein großes Vertrauen. Die Worte „Apostolat", „Mission" und „Sendung" bedeuten alle drei das gleiche von der griechischen, lateinischen und deutschen Wurzel her. Dennoch haben sie natürlich einen eigenen Akzent bekommen. „Apostolat" – „apostolein" (Verb) bedeutet senden; „Mission" kommt von „missio": Sendung. Beides gibt wieder, was im Alten Testament hebräisch mit „schaliah", dem Gesandten, ausgedrückt wird. In der hebräischen Kultur hat die Sendung eine große und auch sehr schöne Rolle gespielt.

Genesis 24 beschreibt, wie Abraham, hochbetagt, seinen Großknecht Eliëser nach Haran schickt, um eine Frau für seinen einzigen Sohn Isaak zu suchen. Ich finde das ein herrliches Kapitel. Wie dieser Eliëser selbstsicher auftritt! Da ist nichts Sklavisches an ihm. Er wählt sich aus dem Besitz seines Herrn zehn Kamele aus, nimmt silbernen und goldenen Schmuck und Festkleider mit. All das braucht er für seine Sendung. Dann geht er in die Heimat des Abraham, nach Haran. Auch da tritt er selbstbewußt und vornehm auf, aber immer bezogen auf seinen Herrn. Ein Beispiel: „Wir gehen nicht zu Tisch, bevor diese Sache erledigt ist; denn das würde meinem Herrn nicht gefallen", – Eliëser zeigt Entschiedenheit und zugleich Einklang mit dem Auftrag seines Herrn. Es würde ihm nicht in den Sinn kommen, diese Sendung für sich selbst zu mißbrauchen. Sendung ist Vertrauenssache. Dieses Vertrauen mißbraucht er auf keinen Fall. Er kommt im Namen seines Herrn, und dessen ist er sich immer bewußt.

Daß Eliëser eine Frau für den Sohn seines Herrn suchen soll, ist ein Beispiel einer Sendung eher im profanen Bereich. „Sendung" kommt auch im religiösen Bereich vor. Die Rabbiner haben den Spruch: Ein „schaliah", der Abgesandte eines Menschen, ist wie dieser selber, ist sein Ebenbild, sein „alter ego". Zum Wesen der Sendung gehört die enge Verbindung zwischen dem Gesandten und dem, der sendet. Das Herz der Sendung ist großes Vertrauen. Das Eigentliche einer Sendung liegt nicht in der örtlichen Entfernung. Der Gesandte muß nicht einmal unbedingt irgendwohin gehen: Sendung kann man auch in der „stabilitas loci", im Verbleiben am Ort der Sendung (= ein Element der benediktinischen Ordensregel) leben. Sendung – vor allem im modernen Englisch – hat oft auch die Nebenbedeutung von eindrucksvoller Leistung: „mission accomplished" kann man dann nachher sagen: Ich habe etwas geleistet, erreicht. Diese Bedeutung hat Sendung jedoch ursprünglich nicht. Der Sendungsauftrag muß nicht etwas Außergewöhnliches sein. Das Entscheidende ist immer, daß es eine Vertrauenssache ist.

Das Wesen der Sendung liegt in der personalen Nähe; man könnte sagen: Stellvertretung. Der Gesandte vertritt oder repräsentiert den Sendenden. Ich meine, „Repräsentation" wäre vielleicht eine zutreffende Übersetzung, wenn man das Wort nicht zu formell nimmt, sondern wirklich prägnant, aktiv, engagiert, dem Auftrag treu: den, der sendet, präsent machen. Genau das tut der „schaliah": Er macht seinen Herrn präsent. In ihm, dem „schaliah", dem Gesandten, spricht und handelt dessen Herr. Im profanen Bereich hat das, was der „schaliah" verhandelt, Rechtskraft. Daran ist der Herr gebunden. Soviel Vertrauen gibt der Herr seinem „schaliah", daß er ihm einen Blanko-Scheck mitgibt: „Was du unterschreibst, daran binde ich mich." Solches Vertrauen liegt in der Sendung.

Das setzt auf seiten des Gesandten eine Eigenschaft voraus, die wesentlich ist für seine Sendung: Selbstlosigkeit. Ein egoistischer Mensch kann nicht gesandt werden; das wäre unmöglich. Man muß ein selbstloser Mensch sein, damit man den Sendenden repräsentieren kann. In seiner Person muß für den, der ihn sendet, Platz sein. Oder noch genauer: Das Wesen der Sendung, ihre Verwirklichung, heißt Transparenz: Der, der mich sendet, scheint durch mich hindurch. Da braucht es eine große Durchlässigkeit, daß der Sendende durch mich in Erscheinung treten, durch mich wahr-genommen werden kann.

Ich denke, in unserem Leben ist es vor allem Transparenz, was überzeugt. Worte lassen sich leicht und viele machen. Wenn man ein wenig Geschick hat, kann man mit Worten alles Mögliche machen. „Ich bin eben ein sensibler Mensch, nicht wahr?" Erinnern Sie sich? So kann man mit Worten die Dinge auch völlig verdrehen. Taten sind ebenso nicht selten doppeldeutig. In unserem Tun spielen fast immer mehrere Motive mit. Aber Transparenz ist eindeutig. Da strahlt das Licht hindurch. Das ist es, was wir brauchen.

Jesus war ein völlig transparenter Mensch. „Wer mich sieht, sieht den Vater" (Johannes 14,9). Durch ihn strahlte der Vater hindurch. Egoismus, Selbstdarstellung sind und bewirken das genaue Gegenteil von Sendung und Transparenz. Egoismus macht trübe, verdunkelt, macht unglaubwürdig, bewirkt Ablehnung. Es gibt das „schaliah"–Prinzip, von dem Jesus öfter gesprochen hat, z.B.: „Amen, Amen, ich sage euch: Wer den aufnimmt, den ich sende, nimmt mich auf; wer aber mich aufnimmt, nimmt den auf, der mich gesandt hat" (Johannes 13,20). Im Gesandten ist der Sendende präsent. Oder auch negativ: „Wer euch hört, der hört mich", sagt Jesus zu den Jüngern. „Und wer euch ablehnt, der lehnt mich ab. Und wer mich ablehnt, der lehnt den ab, der mich gesandt hat" (Lukas 10,16). Oder: „Jesus aber rief mit lauter Stimme: Wer an mich glaubt, glaubt nicht an mich, sondern an den, der mich gesandt hat; wer mich sieht, sieht den, der mich gesandt hat" (Johannes 12,44 f).

In seiner Taufe hat Jesus seine Sendung bewußt angenommen. Das war ein intimer Vorgang. Es geschah zwischen Vater und Sohn mit dem Heiligen Geist. Johannes der Täufer war Zeuge. Die anwesenden Menschen haben die Stimme des Vaters nicht gehört, wohl aber der Täufer. Hier in der Taufe hat Jesus sich ganz dem Vater hingegeben und seine Sendung angenommen. Wir dürfen davon ausgehen, daß ihm, der sich von Johannes taufen läßt und symbolisch untertaucht in den Strom des Lebens, den bewegten Fluß des Jordans, und sich von Gott gesandt weiß, ganz klar ist: Jetzt steht mein ganzes Leben auf dem Spiel. „Gesandt, den Armen die Heilsbotschaft zu bringen" (Lukas 4,18) – es geht um sein Leben. Sein Leben gibt er dem Vater. Sein öffentliches Leben, sein Leiden und sein Tod sind Konsequenzen seiner Taufe. In der Taufe ist das alles eingeschlossen. Dreißig Jahre im Verborgenen hat Jesus gebraucht, um sich auf diese Taufe vorzubereiten, seine Sendung entgegenzunehmen und ihr dann etwa drei Jahre zu folgen, in unüberbietbarer Treue.

Was war der Motor seiner Treue? Nehmen wir das Zeugnis der Evangelisten, die verläßliche Stimme ihres Glaubens. „Jesus sprach: Meine Speise ist es, den Willen dessen zu tun, der mich gesandt hat, und sein Werk zu Ende zu führen" (Johannes 4,34). Davon lebt er, vom Willen des Vaters. Der liebevolle Wille des Vater prägt sein Leben.

Das ist der Inhalt seines Lebens, die Speise, von der er lebt.

„Ich bin nicht vom Himmel herabgekommen, um meinen Willen zu tun, sondern den Willen dessen, der mich gesandt hat" (Johannes 6,38) – völlige Transparenz. „Und er, der mich gesandt hat, ist mit mir; er hat mich nicht allein gelassen, weil ich immer das tue, was ihm gefällt" (Johannes 8,29). Die Vereinigung mit Gott gründet in der Sendung. Stoßgebete sind gut, sehr gut. Aber die wahre Vereinigung mit Gott liegt wesentlich tiefer. Sie liegt darin, daß wir seinen liebevollen Willen tun, von morgens bis abends und auch noch während der Nacht. So hat Jesus die Vereinigung mit dem Vater gelebt.

Sich gesandt wissen bedeutet Vereinigung mit Gott. Außerhalb von Sendung, dem Sich-gesandt-Wissen, ist eine Vereinigung mit Gott nicht möglich.

Sendung hat tiefe Wurzeln. Ihre Wurzeln gehen zurück bis in das unauslotbare Geheimnis der Dreifaltigkeit. In der „processio", im Hervorgehen des Sohnes aus dem Vater, liegt der Ursprung aller Sendung. Und – wer wagt, das göttliche Geheimnis zu ergründen? – das deutet zugleich darauf hin, daß Sendung immer Entäußerung, Aufgabe der Autonomie, Leben weiterschenken bedeutet. Entäußerung gehört zum Geheimnis der Dreifaltigkeit. Der Vater, der sich dem Sohn hingibt, ganz, und der Sohn, der sich dem Vater anvertraut, ganz – völlige Entäußerung. Oder, so kann man es auch ertasten: Das Geheimnis der Dreifaltigkeit muß Liebe sein. Nur Liebe gibt sich ganz. Und das tut Gott. Darum ist der innerste Kern des Christenglaubens: Gott ist die Liebe.

Als die Fülle der Zeit gekommen war, wurde die „processio" zur „missio". Der Sohn wird in diese Welt gesandt. Auch das steht im Zeichen der Entäußerung: Er „entäußerte sich, wurde wie ein Sklave und den Menschen gleich. ... Er erniedrigte sich und war gehorsam bis zum Tod, bis zum Tod am Kreuz" (Philipper 2,8). Wenn sein iridisches Leben zu Ende geht, sagt Jesus zweimal denselben Satz, einmal in Gebetsform – Johannes 17,18 – und einmal zu den Jüngern in direkter Rede: „Wie mich der Vater gesandt hat, so sende ich euch" (Johannes 20,21). Das heißt: Diese Sendung, aus der und für die ich lebe, die den Inhalt meines Lebens ausmacht, diese Sendung gebe ich an euch weiter. Ihr müßt jetzt meine Sendung weiterleben. Jetzt habe ich keine anderen Hände mehr, kein anderes Herz und keinen anderen Mund als euren.

Vielleicht kann man die Sendung zusammenfassen in den Worten des Apostels Paulus: „So lebe nun nicht mehr ich, sondern Christus lebt in mir" (Galater 2,20). Das ist auch der Sinn unseres Lebens. „Alle, die Gott im voraus erkannt hat, hat er auch dazu vorausbestimmt, an Wesen und Gestalt seines Sohnes teilzuhaben, damit dieser der Erstgeborene von vielen Brüdern und Schwestern sei" (Römer 8,29).

An Wesen und Gestalt Jesu teilzuhaben, ist Gottes Plan von Ewigkeit. Das Wesen Jesu ist, daß er Sohn Gottes ist. Daran haben wir teil, so daß auch wir Kinder Gottes sind. Wir haben teil an seiner Gestalt, daß wir seinen Lebensstil übernehmen, daß wir so leben, wie er gelebt hat. Diese Sendung verlangt dann von uns eine innige Vereinigung mit Christus, so wie er innig vereint war mit dem Vater. Das hat Jesus wunderbar ausgedrückt im Gleichnis vom Weinstock und den Reben: Er ist der Weinstock, wir sind die Reben. Es leuchtet jedem ein: Wenn die Rebe nicht mit dem Weinstock verbunden ist, dann kann sie keine Frucht bringen. Dann ist sie totes Holz. Es ist der Saft des Weinstocks, der die Rebe fruchtbar macht. Es ist das Leben Christi, das in mir Frucht bringt (vgl. Johannes 15,1–8).

Meine Sendung muß ich jeden Tag neu annehmen. Ich meine, daß eine unveränderbar festgelegte Sendung ein Widerspruch ist. Sendung bedeutet, mit offenen Händen leben. Ein älterer Ordensmann erzählte mir einmal im Vertrauen: „Ich fange jeden Tag damit an, daß ich mich zehn Minuten auf den Boden lege mit nach oben offenen Händen; dann gebe ich meinen Tag dem Herrn, und ich nehme an, was er mir schickt." Das ist Sendung, jeden Tag neu empfangen und gelebt.

In der Sendung leben bedeutet: leben in einer vitalen Spannung. Es gibt ungesunde Spannungen, die zerstören, sei es zwischen Ehepartnern, in einer Familie, in einer Ordensgemeinschaft oder im Leben mit mir selbst. Aber es gibt auch vitale Spannungen, die das Leben fördern. Wenn mein Arm zuviel Spannung hat, ist er verkrampft, und dann kann ich ihn nicht mehr so bewegen, wie ich will. Wenn mein Arm keine Spannung hat, ist er lahm, und ich kann ihn überhaupt nicht bewegen. So verhält es sich immer im Leben.

Es gibt eine vitale Spannung in der Sendung, d.h. eine Spannung, die das Leben vitalisiert und Menschen flexibel hält, und zwar eine Spannung zwischen zwei Polen. Der eine Pol besagt, daß ich voll und ganz da bin, wo ich bin, und mich einsetze für das, was mir aufgetragen ist, mit meinem ganzen Wesen. Ich flattere nicht herum, und ich träume nicht von anderen Sachen, sondern ich bin da, mit meiner ganzen Person und setze mich ein. Der andere Pol: Ich bin zu jeder Zeit bereit zu etwas anderem, zu jeder Zeit verfügbar. Darum ist es gut, daß ich jeden Morgen meine Sendung neu annehme. Vielleicht ist es zwanzig Jahre lang dieselbe. Aber auf einmal wird mir eine andere Sendung anvertraut. Wenn ich dann bereit und imstande bin, sie anzunehmen, dann bin ich wach geblieben, dann lebe ich noch immer aus der Sendung. Wer aber eine Sendung vereinnahmt, sich auf sie fixiert und für nichts Neues mehr offen ist, der kann das nicht. Er wäre am Boden zerstört: „Jetzt soll ich plötzlich etwas anderes tun? Nachdem ich das zwanzig Jahre gemacht habe? Habe ich das denn nicht gut gemacht? Was wird da getrieben? Kann man das von mir verlangen?" Da wird sichtbar: Die Spannung ist weg, die Sendung war vereinnahmt, man hat sich mit ihr eingerichtet.

Wenn ich Sendung ehrlich lebe, führt das zur Entkrampfung. Sendung befreit. Wer zu wenig (selbstloses) Sendungsbewußtsein hat, ist leicht zu einem Gotteskomplex versucht, als ob er die ganze Welt selber tragen muß. Er will Gott-Vater spielen oder Gott-Sohn oder Gott-Heiliger Geist. Im Gesandtsein bin ich jedoch getragen von dem, der mich sendet.

Sendungsbewußtsein muß man lebendig halten. Es kann durchaus absterben. Kardinal Carlo M. Martini hat einmal vier Gründe genannt, warum Sendung und Sendungsbewußtsein absterben können.

Ich nenne sie nur in Stichworten: Mangel an Gebet. Dabei nuanciert Martini und unterscheidet zwischen Quantität und Qualität. Mangel an Gebet, das kann ein Mangel an Quantität des Gebetes sein, wenn sich jemand einfach zu wenig Zeit nimmt. Es kann auch ein Mangel an Qualität sein, wenn sich jemand die Zeit schon nimmt, aber diese Zeit keinen Gehalt, keinen Tiefgang mehr hat, nicht viel mehr darstellt; das Gebet wird nur noch abgehakt.

Der zweite Grund: zu wenig Aufmerksamkeit im leiblichen Bereich. Drittens: verpaßte geistliche Bildung. Damit meint Martini wohl, daß die Chance verpaßt wird, intellektuelle Fortbildung, Affektivität, Sexualität, Arbeit, Beziehungen u.a. in das geistliche Leben zu integrieren zu einem ganzheitlichen Leben aus Gott und auf Gott hin. Das vierte nennt er: raffinierte Lebenslüge. Wenn das Leben nicht mehr echt ist, stirbt die Sendung. Dann geht die Transparenz verloren und damit das Herz der Sendung (vgl. Carlo M. Martini: Tun, was Er will. Christliches Sendungsbewußtsein nach der Apostelgeschichte, Freiburg i. Br. 1987, 74–85).

Mir fällt auf, daß Jesus nach dem Johannesevangelium zwei Sätze gesagt hat, die bis auf ein Wort identisch sind. Der eine lautet: „Wie mich der Vater gesandt hat, so sende ich euch" (Johannes 20,21). Der andere heißt: „Wie mich der Vater geliebt hat, so liebe ich euch" (Johannes 15,9).

Offensichtlich sind Sendung und Liebe austauschbar. Sendung ist die Gestalt der Liebe.

Vielleicht kann man es in einem treffenderen Bild ausdrücken: Sendung ist das Flußbett der Liebe. Ein Strom braucht ein Flußbett. Wenn ein Strom kein Flußbett hat, versandet er. Das Flußbett ist ohne Zweifel eine Einengung. Der Rhein kann nicht mal einen Abstecher machen. Denn das Flußbett bindet ihn. Auf der anderen Seite gibt das Flußbett dem Strom Tiefgang und Kraft. Wenn der Strom kein Flußbett hätte, hätte er keine Kraft und keinen Tiefgang. In ähnlicher Weise ist die Sendung das Flußbett unserer Liebe. Natürlich wird damit unsere Liebe eingeengt. Und gelegentlich spürt man das auch schmerzlich. Dann möchte ich, daß das Flußbett ein bißchen breiter wäre. Aber ohne das Flußbett würde meine Liebe versanden oder zu einem Sumpf werden. Seien wir dankbar für unsere Sendung, auch wenn sie unser Leben vielleicht hier und da einengt, dafür aber auch konzentriert. Denn sie gibt unserem Leben Tiefgang, Kraft und Fruchtbarkeit.

„Sendung ist ruhen in der Bewegung Gottes" (Barbara Hallensleben: Theologie der Sendung, Frankfurt/Main 1994). Gott ist Bewegung. Gott ist Dynamik, die Dynamik der Liebe, eine ungeheure Dynamik. Denn aus dieser Dynamik entspringt die ganze Schöpfung, so dynamisch ist unser Gott. Zugleich ist Gott aber auch Ruhe. Denn er strebt kein Ziel an. Er will nicht etwas Bestimmtes erreichen. Es ist die Bewegung der Liebe. Sendung ist ruhen in dieser Bewegung Gottes. Gott als Bewegung, und in dieser Bewegung ruhe ich und finde ich wirklich den Frieden. Das ist die Vereinigung mit Gott. Und die liegt – wie gesagt – in der Sendung, und ich glaube: *nur* im Gesandtsein.

Der Bischof von Aachen, Dr. Heinrich Mussinghoff, hat – wie alle Bischöfe – einen Hirtenbrief geschrieben zum Anfang der Fastenzeit (1998). Dieser Brief beginnt mit einem Bild: „Der Jordan entspringt am Fuß des schneebedeckten Hermon, durchfließt den See Genesaret und endet im Toten Meer. Der See Genesaret ist voller Leben. Er nimmt die frischen Wasser auf und gibt sie weiter. In ihm tummeln sich Fische, üppig wachsen an seinem Ufer Ölbäume, Palmen und aller Art Blumen und Pflanzen. Vögel und Tiere finden Nahrung. Anders das Tote Meer. Der Jordan führt dasselbe Wasser hinzu, aber es gibt keinen Abfluß. Die heiße Sonne läßt das Wasser verdunsten. Das Wasser wird stark salzhaltig, so daß kein Fisch in ihm leben kann. An den Ufern wachsen kaum Bäume und Sträucher. Man sieht nur Salz und Wüste." – Dasselbe Wasser: Hier kann es weiterströmen und bringt reiche Frucht; und das andere Mal kann es nicht weiterströmen und wird zur Salzwüste, unfruchtbar, leblos.

Liebe braucht ein Flußbett, damit es ein Strom bleibt und nicht zu einem Sumpf oder zu einem toten Meer wird. Jesus sagt: „Nicht ihr habt mich erwählt, sondern ich habe euch erwählt und dazu bestimmt, daß ihr euch aufmacht und Frucht bringt, und daß eure Frucht bleibt." Unsere Frucht soll bleiben. Und wir wissen: Das einzige, was wirklich bleibt und zählt, ist Liebe. Sogar Glaube und Hoffnung kommen zu einem Ende, aber die Liebe bleibt. Sie ist der Inhalt unserer Sendung: daß wir lieben, daß unser Leben die Liebe weitergibt.

Sendung kann man nur leben aus der Fülle, nicht aus dem Mangel. Eine Ordensprofeß, ein Gemeinschafts- oder ein Familienleben, ein Dienst oder eine Ehe: Wenn man das alles nicht aus der Fülle heraus lebt, dann wird es eine Katastrophe. Aus der Fülle heraus kann man es schaffen, so wie der Mann, der einen Schatz im Acker findet und dann voll Freude alles verkauft, um ihn zu erwerben (vgl. Matthäus 13,44). Weil er die Fülle gefunden hat, darum kann er voll Freude alles, woran sein Herz bisher gehangen haben mag, verkaufen. So ist das Reich Gottes, sagt Jesus.

Wenn ich aus der Fülle heraus lebe, kann ich wirklich loslassen, geben. Dann kann ich als Ehepartner, als Ordensfrau oder Ordensmann oder alleinstehend all das leben, was zur Nachfolge Jesu in meinem Lebensstand gehört: aus der Fülle heraus.

Wenn ich aus dem Mangel heraus lebe, weil ich in meiner Einsamkeit Gemeinschaft oder in meinem Dienst Bestätigung suche, wird es nicht gelingen. Allzu leicht komme ich dann zu faulen Kompromissen. Ich lebe nicht aus der Mitte heraus, sondern bewege mich ständig am Rand. Die große Frage, die mein Leben immer wieder beherrscht, wird dann sein: Ist das gerade noch vereinbar mit meinem Eheversprechen oder meinen Ordensgelübden, oder eigentlich nicht mehr? Ist das noch innerhalb der Grenze oder außerhalb? All dies macht unfruchtbar und unzufrieden. So ist das Leben nach dem Evangelium nicht gemeint, und so macht es auch keine echte Freude. Es geht darum, aus der Mitte heraus zu leben, aus der Fülle, als Ehefrau oder Ehemann, als Ordensmann oder Ordensfrau, allein oder auf der Suche.

Ewiger Gott, dein Name, dein Siegel bezeichnen uns. Deinen Sohn und dein Ebenbild hast du uns aufgeprägt und deinen Heiligen Geist uns geschenkt. Dir gehören wir an. Wir bitten dich, mögen wir von Mensch zu Mensch ihm gleichen, daß unser Leben miteinander dein Dasein zeige und deine Gnade widerspiegle, wie er es getan hat, Jesus, unser Bruder, im Dienst an dieser Welt heute und alle Tage. Amen.

7

„Ein Beispiel habe ich euch gegeben" – Eucharistie

Im Johannesevangelium heißt es: „Jesus, der wußte, daß ihm der Vater alles in die Hand gegeben hatte und daß er von Gott gekommen war und zu Gott zurückkehrte, stand vom Mahl auf..." (13,3). In diesem Vers ist die Sendung, oder besser gesagt, das Sendungsbewußtsein Jesu ganz klar ausgedrückt. „Er wußte, daß ihm der Vater alles in die Hand gegeben hatte – ,schaliah' –, und daß er von Gott gekommen war und zu Gott zurückkehrte."

Auch seine Sendung ist, wie er es uns aufgetragen hat, fruchtbringend; sie bringt Frucht, die bleibt, Frucht der Liebe. Genau das ist es, was er tut. „Da er die Seinen, die in der Welt waren, liebte, erwies er ihnen seine Liebe bis zur Vollendung" (Johannes 13,1). Man kann sagen: Im letzten Abendmahl und in dem, was das letzte Abendmahl einschließt, erreicht die Sendung Jesu ihre Vollendung. Wir feiern es in der Eucharistie. Hier können wir aus dem Vollen schöpfen, aus der Fülle.

Die drei Synoptiker – Markus, Matthäus, Lukas – und Paulus geben eine Beschreibung des letzten Abendmahls, und Johannes erzählt statt dessen von der Fußwaschung. Mit zwei Augen kann man tiefer und perspektivischer sehen. So spiegeln die Berichte der Synoptiker und der Bericht des Johannes zwei verschiedene Perspektiven, die uns etwas von der Tiefe dieses Geheimnisses offenbaren.

Beginnen wir mit Lukas: „Dann kam der Tag der Ungesäuerten Brote, an dem das Paschalamm geschlachtet werden mußte. Jesus schickte Petrus und Johannes in die Stadt und sagte: Geht und bereitet das Paschamahl für uns vor, damit wir es gemeinsam essen können. Sie fragten ihn: Wo sollen wir es vorbereiten? Er antwortete ihnen: Wenn ihr in die Stadt kommt, wird euch ein Mann begegnen, der einen Wasserkrug trägt. Folgt ihm in das Haus, in das er hineingeht und sagt zu dem Herrn des Hauses: Der Meister läßt dich fragen: Wo ist der Raum, wo ich mit meinen Jüngern das Paschalamm essen kann? Und der Hausherr wird euch einen großen Raum im Obergeschoß zeigen, der mit Polstern ausgestattet ist. Dort bereitet alles vor! Sie gingen und fanden alles so, wie er es ihnen gesagt hatte, und bereiteten das Paschamahl vor" (22,7–13).

Ein merkwürdiger Anfang. Ich bin überzeugt, die Absicht des Lukas ist nicht, Jesus als einen Hellseher, als einen Wahrsager zu schildern. Lukas will vielmehr die souveräne Haltung Jesu im Leidensereignis zum Ausdruck bringen. Leiden und Tod sind nicht ein Schicksal, das über Jesus hereinfällt, sondern er ringt sich durch zur Bereitschaft, zur Annahme. Jesus weicht nicht aus. In den zitierten Versen kommt mehrmals das Wort „vorbereiten" vor. Jesus bereitet sich vor. Das Mysterium der Entäußerung wird ihm nicht abgetrotzt, nicht abgezwungen, sondern er gibt sich selbst hin. „Er sagte zu ihnen: Ich habe mich sehr danach gesehnt, vor meinem Leiden dieses Paschamahl mit euch zu essen." Ich gebe mich ganz hinein in dieses Paschamahl. Und etwas später: „Das ist mein Leib, der für euch hingegeben wird" (22,15.19).

Im Niederländischen haben wir natürlich dieselben Wandlungsworte, aber doch mit einer Silbe Unterschied. Jetzt einmal buchstäblich übersetzt: Wir Niederländer sagen: „Das ist mein Leib, der für euch gegeben wird." Das *Hin*gegeben finde ich immer sehr schön, denn es gibt dem Tun Jesu einen noch deutlicheren Akzent. Ich denke sogar, daß „hingeben" etwas anderes ist als „geben". Es kommt nicht nur eine Akzentuierung hinzu, sondern macht auch wirklich einen qualitativen Unterschied. Jesus hat sich hingegeben. Wenn er sich nicht hingegeben hätte, dann wäre sein Leiden nicht fruchtbar gewesen. Denken wir an das tiefe Wort von C. G. Jung: „Man wandelt nur, was man annimmt." Jesus hat das Leiden angenommen und es dadurch verwandelt. Wenn er es nicht angenommen, wenn er sich nicht hingegeben hätte, wäre er – menschlich gesprochen – enttäuscht und verbittert gestorben. Es ist wesentlich für die Eucharistiefeier, daß er sich hingegeben hat.

Entäußerung ist die Gestalt der göttlichen Liebe. Die Dreifaltigkeit ist ein Geheimnis der Entäußerung, die Eucharistie auch. Ungeläuterte Liebe will sich behaupten, sucht Anerkennung, will in Besitz nehmen und festhalten, und zwar im physischen Sinn, noch mehr im emotionalen Sinn der Anerkennung und Macht. Vereinnahmung und Geltungsdrang sind die größten Widersacher echter Liebe: in der Familie, in der Ehe und auch im Ordensleben. Wahre Liebe gibt sich hin, wie Jesus es getan hat. Er hat sich entäußert und kleingemacht, nahm alle Erniedrigungen in einem würdelosen Prozeß, der in sein Todesurteil mündete, auf sich.

„Absteigen" ist ein Schlüsselwort im Leben Jesu. „Er war wie Gott, hielt aber nicht daran fest, Gott gleich zu sein, sondern entäußerte sich, wurde wie ein Sklave und den Menschen gleich" (Philipper 2,6 f). Er ging mit ihnen, mit Maria und Joseph hinab nach Nazaret und war ihnen untertan. Er stieg hinab in den Jordan und nahm die Sünden der Menschen auf sich. Er stieg hinab „und war gehorsam bis zum Tod, ja bis zum Tod am Kreuz" (Philipper 2,8).

„Dies ist mein Leib …, dies ist mein Blut …" – Eucharistie ist Zeichen und Gegenwart seiner äußersten Entäußerung: ein Stückchen Brot und ein Schluck Wein, kleiner geht es nicht. Die Eucharistie liegt ganz in der Linie des Lebens Jesu: ein großes Geheimnis. Probleme gilt es zu lösen, soweit das möglich ist. Geheimnisse soll man ja nicht auflösen wollen, denn dann ginge etwas Kostbares verloren. Geheimnisse braucht man, um darin zu wohnen. Die Wurzel des Wortes „Geheimnis" ist ja „heim". In Geheimnissen sind wir beheimatet. Ein armer Mensch, der keine Geheimnisse hat. Er ist auf eine tiefe Weise heimatlos. Die Eucharistie ist ein großes Geheimnis. In diesem Geheimnis kann man wohnen. Aus diesem Geheimnis heraus kann man die Sendung Jesu weiterleben. Die Eucharistie ist typisch für Jesus. Er hat immer den letzten Platz gesucht.

Ich habe von den drei Synoptikern den Text des Lukas gewählt, weil er in Vers 24 etwas Erschütterndes sagt: „Es entstand unter den Jüngern ein Streit darüber, wer von ihnen wohl der Größte sei." Ein Streit, der dem Geheimnis der Eucharistie gänzlich zuwiderläuft. Wie muß Jesus gelitten haben, als bei seinem letzten Mahl, nach dem er sich so gesehnt hatte, seine Jünger zeigen, daß sie von seiner Mentalität, von seinem Geist noch überhaupt nichts begriffen haben! Sein Abschiedsmahl – verdorben. Seine Selbsthingabe – beschmutzt. Die Jünger verstehen nichts und vermitteln auch massiv die Botschaft: Wir haben noch nichts von dir begriffen. Welten trennen sie von dem, worum es Jesus geht. „Es entstand unter ihnen ein Streit darüber, wer von ihnen wohl der Größte sei."
Ein Fest, worauf ich mich schon lange vorher gefreut habe, wonach ich mich gesehnt und wovon ich mir viel erhofft habe: Seinen Sinn, seine Bedeutung versteht keiner der Gäste – ein einsames Fest. Haben Sie so etwas auch schon mal erlebt? Haben Sie vielleicht so etwas auch schon einmal verursacht? Diese Geschichte ist nicht belanglos. Denn, seien wir ehrlich: Wieviele unserer Auseinandersetzungen gehen im Grund ebenfalls darum, wer wohl der Größte ist? „Ich habe mehr Erfahrung. Ich habe hier bei weitem größere Kenntnisse. Das weiß ich doch besser. Das ist eindeutig so und nicht so ..." – und andere Varianten mehr desgleichen. Natürlich wird das schön getarnt; so banal sind wir nun auch wieder nicht. Aber wenn man die Sache durchschaut, dann spielt eine ent-

scheidende Rolle, daß ich größer bin, größer als der/die andere. Genau das aber paßt überhaupt nicht zur Eucharistie. Es widerspricht ihr ganz und gar. So kann man keine Eucharistie feiern. So stirbt die Eucharistie, so stirbt sie ab. Es ist gar nicht so leicht, Eucharistie im Geiste Jesu zu feiern.

Wir haben in der Theologie gelernt, daß die Eucharistie ein Sakrament ist, sogar das größte Sakrament von den sieben, und daß die Sakramente „ex opere operato" wirken, d.h. unabhängig von der Würdigkeit oder der Heiligkeit derer, die dieses Sakrament spenden. Das ist wahr. Aber der Empfang des Sakramentes hängt von uns ab. Die Wirkung des Sakramentes ist nicht unabhängig vom Empfänger. „Gratia supponit naturam" – Gnade setzt die Natur voraus: Durch viel Schmerz und Verwirrung hindurch muß jeder einzelne und auch jede Gemeinschaft lernen, daß Riten, Symbole und Sakramente leer, ohne Wirkung sein können, daß sie ihre Kraft und ihre Lebendigkeit nur dann bewahren, wenn unsere innere Einstellung ihnen entspricht. Sonst sterben sie, und schlimmer noch, sonst werden sie tödlich. Das hat mit der Lebenslüge zu tun, von der im vorigen Kapitel die Rede war. Ein jeder von uns kann nur fruchtbar Eucharistie feiern, wenn er versucht, sie zu leben. Wenn dieser Versuch schwach ist, wird Liturgie zur faden Routine.

Jesus hat uns etwas unendlich Kostbares in die Hände gegeben, sich selbst in seiner Selbsthingabe. Damit muß man achtsam, liebevoll umgehen. Daß ich zerstreut bin in der Eucharistiefeier, ist natürlich schade. Aber das, worum es jetzt geht, ist viel gravierender. Ist mein Lebensstil mit der Eucharistiefeier in Übereinstimmung? Oder feiere ich Eucharistie und führe vorher, nachher oder zugleich einen Streit – im eigenen Herzen oder im offenen Verhalten – darüber, wer von uns wohl der Größte sei? Das geht nicht mehr zusammen, dann stirbt etwas ab.

Mit drei immer deutlicher hörbaren Gongschlägen wird das letzte Abendmahl angekündigt als ein zentrales, entscheidendes Ereignis. Bei Lukas heißt es: „Das Fest der Ungesäuerten Brote, das Pascha genannt wird, war nahe. ... Dann kam der Tag der Ungesäuerten Brote, an dem das Paschalamm geschlachtet werden mußte. ... Als die Stunde gekommen war, setzte er sich mit den Aposteln zu Tisch" (22,1.7.14). Das Fest, der Tag, die Stunde – jetzt nähern wir uns dieser großen Stunde im Leben Jesu, der Stunde, über die er immer gesprochen hat.

Bei diesem Mahl ist das Hauptgericht ein einjähriges Lamm, an dem kein Gebein zerbrochen war. Im Alten Testament werden genaue Vorschriften gegeben für die Feier des Paschamahles, woran Jesus und seine Jünger sich sicher gehalten haben. Da heißt es u.a.: „Ihr sollt keinen Knochen des Paschalammes zerbrechen. ... Kopf und Beine dürfen noch nicht vom Rumpf getrennt sein" (Exodus 12,46.49). Als Ganzes muß es gebraten und auf den Tisch gebracht werden.

Das Lamm lag lebensgroß auf dem Tisch. Man konnte es wirklich nicht übersehen. Eben dazu, um es zu bereiten, wurden Petrus und Johannes vorausgeschickt; nicht nur, um den Tisch zu decken, sondern um das einjährige Lamm zu braten. Wenn die Jünger jüdischen Ursprungs es sehen, dann ist es für sie eine Erinnerung an die Vergangenheit, an den Auszug aus Ägypten und die Wunder, die diesen Exodus begleiteten. Wenn Jesus das Lamm sieht, dann schaut er zugleich nach vorn, in die Zukunft, und zwar in die nächste Zukunft, die mit diesem Abend beginnt. Als Jesus das Lamm sieht, weiß er, daß er nunmehr das Lamm ist. „Wie ein Lamm, das man zum Schlachten führt" – so heißt es im vierten Gottesknechtslied (Jesaja 53,7). Oder bei Jeremia: „Ich selbst war wie ein zutrauliches Lamm, das zum Schlachten geführt wird" (11,19). Jetzt ist die Stunde gekommen, da Jesus das Paschalamm wird: „Seht das Lamm Gottes, das hinwegnimmt die Sünde der Welt!" Jetzt ist die Stunde gekommen.

Das ganze Vorgehen Jesu steht im Zeichen des Lammes, das geschlachtet wird. Paulus schreibt: „Sooft ihr von diesem Brot eßt und aus dem Kelch trinkt, verkündet ihr den Tod des Herrn, bis er kommt" (1 Korinther 11,26). Das gilt für jede Eucharistiefeier. Das gilt auch für die eine Abendmahlsfeier Vorabend des Karfreitags. Da ist im voraus der Tod des Herrn verkündet. Als Jesus das Brot bricht, sagt er ausdrücklich: „Das ist mein Leib." Er bricht seinen Leib. Hier beginnt das Leiden und der mystische Leib (die Kirche). Jesus ist sich dessen völlig bewußt, was er jetzt tut. Vielleicht haben seine Hände ein wenig gezittert, als er das Brot gebrochen hat. Versuchen wir, uns bewußt zu sein, was *wir* tun, wenn wir Eucharistie feiern.

Auch unsere Eucharistiefeier soll vorausblicken und nicht nur zurück in die Vergangenheit, daß Jesus – seiner Sendung treu und in Liebe gestorben –auferstanden ist und wiederkommt in Herrlichkeit. Wir bekennen es in der Mitte jeder Eucharistiefeier: „Deinen Tod, o Herr, verkünden wir, und deine Auferstehung preisen wir, bis du kommst in Herrlichkeit." Das himmlische Mahl steht auch in dieser Perspektive. Darin findet die Eucharistie ihre Erfüllung. So wie das Leben Jesu seine Erfüllung findet in der Eucharistie, so findet die Eucharistie ihre Erfüllung im himmlischen Mahl.

Die Eucharistie als das lebendige Testament und Vermächtnis der bleibenden Gegenwart und Liebe Christi ist sozusagen das Dokument des Neuen Bundes, den zu begründen er gesandt war: „Dieser Kelch ist der neue Bund in meinem Blut, das für euch vergossen wird." Der Alte Bund hat als Kern: „Ich bin euer Gott, und ihr seid mein Volk." Dieser Bund ist viele Male erneuert worden, und zwar in immer größerer Intimität. Oft wird er sogar mit der Intimität einer Ehe verglichen. Gott und sein Volk sind miteinander verbunden wie Bräutigam und Braut. Der Neue Bund meint die Vollendung und eine noch größere Intimität: „Ihr in mir und ich in euch. Wer mein Fleisch ißt und mein Blut trinkt, der bleibt in mir und ich in ihm."

Wenden wir uns jetzt dem vierten Evangelium zu, zuerst dem Prolog zum großen Liebeserweis Jesu an seinen Jüngern: „Er liebte die Seinen in der Welt, und er liebte sie bis ans Ende" (13,1). Mit diesem Vers gibt uns Johannes den Schlüssel zur Eucharistie. Sie ist Liebe bis zum Ende. Sie ist Liebe, die sich ganz hingibt. Jesus, der immer Mensch für andere war, geht jetzt in dieser Sendung bis zum Äußersten. Johannes überliefert nicht die Wandlungsworte, nicht den Einsetzungsbericht. Statt dessen erzählt er die Fußwaschung. Offenbar ist die Fußwaschung für ihn genauso charakteristisch und wesentlich für die Eucharistie wie die Wandlungsworte für die Synoptiker. Es sind zwei Pespektiven der Liebe bis zum Äußersten, der Liebe, die sich entäußert, die sich bis in den Staub unserer Erde, unseres Lebens neigt.

Dann folgen die Worte: „Jesus aber wußte, daß ihm der Vater alles in die Hand gelegt hatte und daß er von Gott gekommen war und zu Gott zurückkehrt; da stand er vom Mahl auf, legte das Oberkleid ab und umgürtete sich mit einem Leinentuch. Dann goß er Wasser in eine Schüssel und begann, den Jüngern die Füße zu waschen und mit dem Leinentuch abzutrocknen, mit dem er umgürtet war. ... Als er ihnen die Füße gewaschen hatte, sein Oberkleid angelegt und sich wieder zu Tisch gesetzt hatte, sagte er zu ihnen: Begreift ihr, was ich an euch getan habe? ... Ein Beispiel habe ich euch gegeben, damit auch ihr tut, was ich an euch getan habe" (13,3–15).

Die Fußwaschung: Jesus entäußerte sich bis auf den Grund der Liebe. Und – er hat uns aufgefordert, seinem Beispiel zu folgen. Er hat es getan aus der Fülle seines Selbstbewußtseins: „Ihr nennt mich Meister und Herr, und ihr habt recht; denn ich bin es" (13,13). Als er es tat, war er sich klar bewußt, daß ihm der Vater alles in die Hand gelegt hat, daß er von Gott gekommen war und die Stunde nahte, zu Gott zurückzukehren.

Sich entäußern in den Dienst der Liebe kann man nur aus einem starken Selbstbewußtsein. Wo dieses fehlt, gelingt es nicht. Wahre Selbstlosigkeit setzt Selbstannahme und Selbstwertgefühl voraus. Wo es an Selbstannahme und Selbstwertgefühl mangelt, wird die Stufe auf den Grund der Liebe unbegehbar. – Es erscheint mir heikel, über ein solches Thema in einer Gruppe zu sprechen, weil die Gefahr groß ist, das jede/r genau das heraushören könnte, was nicht für sie/ihn bestimmt ist und so die eigene Fehlhaltung noch verstärkt.

Versuchen wir es einmal so: Jesus hat in seinem Leben Konflikte und Konfrontationen nicht gescheut. Darin war er frei und mutig. Ich glaube auch, daß er nach Auseinandersetzungen gut geschlafen hat. Er konnte Konflikte fair austragen. Das ist nicht jedermanns Sache. Denn manche werden gemein und grob, aufgebracht und unsachlich, sobald ein Konflikt ausbricht. Jesus aber blieb souverän, wenn er in Konflikte verwickelt war. Er war ebenfalls souverän und liebevoll genug, die Füße der Jünger zu waschen, als Meister den Sklavendienst seiner Zeit zu tun.

Die Gefahr, wenn man zu einer Gruppe spricht, besteht darin, daß die Streber(innen) sich merken: „Aha, es wurde gesagt, man müsse Konflikte austragen. Das merke ich mir, das merke ich mir." Und die Kleinmütigen hören: „Aha, es wurde betont, man solle sich beugen, hinknien und die Füße der anderen waschen." So merkt man sich genau das, was nicht für einen selbst bestimmt ist. Was wir hier brauchen, ist die Unterscheidung der Geister. Worte allein reichen nicht, sogar die Worte der Heiligen Schrift allein genügen nicht. Wir brauchen den Heiligen Geist, der uns führt und uns die Worte und ihre Botschaft so verstehen läßt, daß sie uns näher zu Gott bringen. Denn der böse Geist ist so schlau und so erfahren, daß er auch mit der Schrift viel anfangen kann, d.h. der alte Adam in uns wird immer genau das Falsche wählen. Nichts kann den Heiligen Geist ersetzen. Eben darum ist zu betonen, daß Jesus diese Selbstentäußerung aus der Fülle seines Selbstbewußtseins heraus vollzogen hat. Er legte sein Obergewand ab, sozusagen seine göttliche Würde. „Er war Gott gleich, hielt aber nicht daran fest, wie Gott zu sein" (Philipper 2,6).

Die Apostel, vor allem Petrus, sind bestürzt. Das paßt überhaupt nicht in ihr Konzept. Damit können sie nichts anfangen. Petrus ist entrüstet: „Herr, du willst mir die Füße waschen?" Jesus insistiert: „Was ich tue, verstehst du jetzt nicht, du wirst es aber später erkennen." Doch Petrus begreift noch nichts: „Niemals sollst du mir die Füße waschen!" Jesus insistiert nochmals: „Wenn ich dich nicht wasche, hast du keine Gemeinschaft mit mir" (Johannes 13, 6–8). Es ist gar nicht so leicht, die Liebe Jesu zuzulassen, weder in ihrer erhabenen Gestalt noch in ihrer Entäußerung. Es ist gar nicht so leicht, sich ganz von Jesus lieben zu lassen. Etwas in uns sträubt sich dagegen. Aber Jesus sagt: Wenn du diese Liebe bis zum Äußersten nicht zuläßt, gehörst du nicht zu meinen Jüngern, zu meinen Geistverwandten.

In Ehrfurcht wollen wir schauen, wie Jesus den Jüngern die Füße wäscht. Erst Petrus, der sich geschlagen gibt, denn zu Jesus will er gehören. Das geht ihm über alles. Dann kommt Jesus zu den Donnersöhnen, zu Johannes und Jakobus, die einmal ein ganzes Dorf niederbrennen wollten, weil sie dort nicht aufgenommen wurden. Sie sind auch die zwei Streber, die hinter dem Rücken der anderen gebeten haben: Können wir nicht die ersten Plätze in deinem Reich bekommen? Jesus hat geantwortet: Ihr wißt nicht, um was ihr bittet. Hier können wir ahnen, worum es im Reich Gottes, das Jesus bringt, geht und welches da die wahren Ehrenfunktionen sind.
Wir sehen, wie Jesus zu Matthäus kommt, um ihm diesen Sklavendienst zu erweisen. Matthäus war reich und hatte selber Sklaven gehabt, die ihm oft die Füße gewaschen haben. Aber jetzt tut es der Meister. Und dann vor allem: Judas war noch unter ihnen. Jesus hat Judas die Füße gewaschen! Das ist geradezu etwas Unheimliches. Was muß da vorgegangen sein im Herzen des Judas – im Herzen Jesu? Die Liebe Jesu ist inklusiv, sie umfaßt alle. Sie schließt keinen aus, nicht einmal den Mann, der vorhat, ihn noch in dieser Nacht zu verraten und auszuliefern.

Jesus – das Bild des Vaters. „Wer mich sieht, sieht den Vater." An ihm kann man sehen, wie Gott ist. Gott als der Gastgeber; Gott als derjenige, der empfängt; Gott als der, der für jeden einen Platz hat, und das nicht für die Menschen einer heilen Welt, wo es die Sünde nicht gibt, sondern für jeden Menschen einer erlösungsbedürftigen, verräterischen Welt. Das ist die Gastfreundlichkeit Gottes, seine Liebe bis zum äußersten. Sie geschieht im Kontext von Unverständnis, Verrat, Feindseligkeit und Ablehnung. In einer solchen Welt hat Jesus geliebt. Eine solche Liebe muß zum Kreuz führen

Dann komme *ich* an die Reihe. Jesus fragt mich: Soll ich dir die Füße waschen? Ich weiß, das bedeutet tiefes Anteilhaben an allem, was sein ist, an seiner Freude und seiner Trostlosigkeit, an seinen Siegen und seinen Qualen, an seinem Tabor und seinem Kalvarienberg, an seinem Leben und an seinem Tod. Bin ich bereit? Bin ich bereit, seine Kleider zu tragen? Bin ich bereit, in seinem Geist zu leben? Bin ich bereit zu lieben, wie er liebt? Auch das gehört zur Wahrhaftigkeit der Eucharistiefeier.

Bei den Synoptikern heißt es: „Tut dies zu meinem Gedächtnis." Hier bei Johannes heißt es: „...damit auch ihr tut, wie ich euch getan habe." Nur so kann ich Eucharistie feiern: Wenn ich ihn nachahme, wenn ich tue, wie er getan hat. Dann muß auch ich dem anderen die Füße waschen, sonst stimmt etwas nicht, sonst geht etwas Wesentliches verloren. Ich muß sogar meinem „Judas" die Füße waschen: „Tut, wie ich euch getan habe."

Matthäus kennt acht Seligpreisungen am Anfang seines Evangeliums (5,1–11), Johannes nennt nur zwei. Hier die erste: „Selig seid ihr, wenn ihr das wißt und danach handelt" (13,17). Es ist die Seligpreisung der Liebe in einem sehr prägnanten Kontext, unmittelbar nach der Fußwaschung. Am Ende seines Evangeliums folgt dann die Seligpreisung des Glaubens: „Selig, die nicht sehen und doch glauben" (20,29). Beide, Glaube und Liebe, finden wir in der Eucharistie. Sie ist ein Geheimnis des Glaubens und ein Geheimnis der Liebe, der Liebe bis zur Vollendung. In beiden muß ich wachsen, immer wieder, jedesmal, wenn ich Eucharistie feiere.

Herr, unser Gott, du bist nicht unerreichbar und erhaben. Du willst keinen großen und bewunderten Platz einnehmen in unserer Welt. Du bist den Weg jeder Saat gegangen. Du bist wie Brot, so unauffällig und gewöhnlich, so nährend und unentbehrlich. Wir hoffen, daß wir dich wiedererkennen in jeder Saat, in jedem Brot, in all deinen Menschen. Ja, gib uns neue Augen, um zu sehen. Gib uns von neuem Kraft zum Glauben, heute und alle Tage. Amen.

8

Aufmerksamkeit –
das Fundament der Nächstenliebe

Jesus sagt: „Nicht ihr habt mich erwählt, sondern ich habe euch erwählt und euch dazu bestimmt, daß ihr euch aufmacht und Frucht bringt, und daß eure Frucht bleibt" (Johannes 15,16).

Das einzige, was bleibt und zählt, ist Liebe. Liebe ist das Endgültige. Nach ihr wird unser Leben beurteilt. Das Gebot der Liebe ist auch genau das, was Jesus beim Letzten Abendmahl als sein Vermächtnis mitgibt: „Ein neues Gebot gebe ich euch: Liebt einander! Wie ich euch geliebt habe, so sollt auch ihr einander lieben. Daran werden alle erkennen, daß ihr meine Jünger seid; wenn ihr einander liebt" (Johannes 13,34). Das ist *das* Gebot Jesu. Darin faßt er seine ganze Lebensbotschaft zusammen. Paulus schreibt: „Denn das ganze Gesetz ist in dem einen Wort zusammengefaßt: Du sollst deinen Nächsten lieben wie dich selbst" (Galater 5,14). Nachdem Paulus die Charismen und die verschiedenen Funktionen und Dienste in der Kirche, dem Leib Christi, beschrieben hat, sagt er: „Ich zeige euch jetzt noch einen anderen Weg, einen, der alles übersteigt." Und dann beginnt das Hohelied der Liebe (1 Korinther 13). Die kleine Thérèse von Lisieux, die neue und jüngste Kirchenlehrerin, hat darin ihre Berufung gefunden, „im Herzen der Kirche die Liebe zu sein". Ignatius von Loyola gibt am Ende der Geistlichen Übungen eine Betrachtung, um die Liebe zu erlangen. Dazu macht er zwei Vorbemerkungen. Die erste lautet: „Liebe besteht mehr in Werken als in Worten", und vielleicht meint er auch: mehr in Werken als in Gefühlen.

Vor den Werken kommt die Wahrnehmung, die Aufmerksamkeit, die Achtsamkeit. Das ist auch wohl die Weisheit der Kontemplativen. Erst kommt der Blick, mit dem ich den anderen wahrnehme. Simone Weil ist sehr tief in diese Wahrheit eingedrungen. Sie meint, daß die Aufmerksamkeit „der Kern des Gebetes" ist, „der Kern der Liebe zu Gott und auch der Kern der Liebe zum Nächsten". Es geht um einen aufmerksamen Blick, bei dem die Seele sich jeden eigenen Inhalts entleert. Sich leer machen von sich selbst, um das andere Wesen – sei es Gott, sei es der Nächste –, das sie betrachtet, so wie es ist, in seiner ganzen Wahrheit in sich aufzunehmen. Das ist sehr schwierig, weil es Selbstlosigkeit verlangt. Spontan ist unsere Wahrnehmung immer auf unser Ego bezogen und damit ein wenig verzerrt.

Wahrnehmen – das ist ein schönes Wort, den anderen wahr-nehmen, den anderen wirklich so nehmen, wie er ist, in seiner Wahrheit. Das ist die erste Stufe der Liebe, die man nicht überspringen kann. Ohne diese ist alles Übrige unerreichbar. Es gilt also, unsere Vorurteile, unsere stereotypen Muster, unsere ich-bezogenen Interessen, unsere Erwartungen loszulassen, um den anderen als den wahrzunehmen, der er ist. Denn all diese Dinge machen unsere Aufmerksamkeit selektiv, d.h. sie filtern oder trüben unsere Wahrnehmung. Dann sehen wir den anderen nicht in *seiner* Wahrheit, sondern wir reduzieren ihn auf *unseren* Blickwinkel.

Ungetrübte Wahrnehmung heißt: keinen Aspekt bevorzugen, nichts verwerfen, nichts verurteilen. Es heißt auch: allen Hang nach Selbstbestätigung, alle Neugier und alle Kritik aufgeben. Die Kontemplativen haben das immer gewußt. Die moderne Psychologie hat dies wiederentdeckt. Hier können wir etwas lernen von dem, was wir in unserer eigenen, kirchlich christlichen Tradition vernachlässigt haben. Die Achtsamkeit, mit der eine gute Therapeutin, ein guter Therapeut einen Menschen wahrnehmen, unbefangen, wertschätzend wahrnehmen, ist beeindruckend. Vielleicht ist das die wichtigste Kunst eines Therapeuten. Aber genau das ist nicht gerade eine herausragende Stärke heutiger Christen- und Kirchenmenschen. In unseren Kreisen sind wir eher darauf geeicht, eine wertende Meßlatte anzulegen.

Dieses Thema zeigt sich auch im caritativen Bereich: Armen, An-den-Rand-Gedrängten helfen bedeutet zunächst: sie als Nächste zu nehmen. Das heißt dann im buchstäblichen Sinne: ihnen näherkommen, ihnen nicht mitleidig oder beschämt ausweichen. Sondern: jeden einzelnen von ihnen mit seiner je einmaligen Persönlichkeit und Geschichte wirklich wahr-nehmen, mit den Augen des Herzens. Ihn selber sagen lassen, wie es ihm geht, auf ihn hören, ihn ernst nehmen.

Wie oft stülpt man seine „guten" Werke über einen Menschen, und vielleicht passen sie gar nicht. Man meint fraglos zu wissen, was dem anderen guttut, was er braucht. Dies ist noch keine wahre Nächstenliebe. Hier rangiert das eigene Ego noch viel zu zentral. Die Umkehr zur wirklichen Liebe sehen wir bei Franz von Assisi, als er buchstäblich umkehrte, nachdem er an einem Aussätzigen vorbeigegangen war, voll Abscheu und Ängstlichkeit. Dann aber hat er verstanden, mit dem erschütterten Blick des Herzens, und ist umgekehrt, zurückgegangen zu diesem Mann und – er küßte ihn. Da fing das neue Leben des Franziskus an, in dem Augenblick, als er dem Armen als Bruder begegnete.

Die Versuchung besteht darin, den anderen auf die eigenen Wünsche, die vermeintlich besten Normen und den Maßstab der eigenen Wertschätzung zu reduzieren, d.h. den anderen nach Maßgabe des eigenen Ego einzuschätzen. Das ist mitnichten selbstlos, liebend, sondern ego-zentrisch. Da stehe in Wahrheit ich als Helfer im Mittelpunkt des Geschehens, und der andere wird zum Objekt meiner vermeintlich „guten Tat". Wenn ich diese Versuchung als solche erkenne und überwinde und dem anderen wirklich in seiner Wahrheit begegne, erfahre ich zugleich ein Stück Selbstübersteigung, die notwendig ist in meiner Beziehung zu Gott.

Hier liegt auch der Schlüssel zum Verständnis, warum Jesus das zweite Gebot dem ersten gleichstellte. Beide zielen darauf, daß ich mich mehr und mehr leermache von meinem Ego: auf dem Weg der Liebe zu Gott und der Liebe zum Nächsten. Das hat Jesus gemeint, und beides fordert eine selbstlose Aufmerksamkeit.

Teresa von Avila sagte: „Die Beziehungen in der Gemeinschaft untereinander sind oft ein klareres Zeichen von der Beziehung zu Gott als die Höhen des mystischen Gebetes." Sie wußte, wovon sie sprach. Sie hatte die Höhen des mystischen Gebetes erfahren. Und doch sagte sie: Die Beziehungen in der Gemeinschaft sind ein zuverlässigeres Kriterium auch für die Gottesbeziehung.

Im Grunde findet man die gleiche Weisheit auch schon im ersten Johannesbrief (3,17; 4,8.12). Unsere erste, grundlegende Liebestat ist: den anderen wahrnehmen, wahr-nehmen und mich dabei selbst zurücknehmen, ohne mich in meinem Personsein zu verleugnen.

Anthony de Mello erzählt die Geschichte von einem Journalisten, der ein Buch schreiben will über einen Guru. Dazu besucht er den Guru und fragt ihn als erstes: „Die Leute sagen, Sie seien ein Genie. Stimmt das?" „Ja, das kann man schon sagen", antwortet der Meister, nicht gerade bescheiden. Aber der Journalist, auch nicht scheu, hat sofort eine neue Frage parat: „Und was macht dann einen Menschen zu einem Genie?" Darauf antwortet der Guru: „Die Fähigkeit zu sehen." Jetzt ist der Journalist sprachlos: „Was zu sehen?" Der Guru antwortet auf diese hilflose Frage – es war nicht einmal als eine Frage gemeint: „Den Schmetterling in einer Raupe, den Adler in einem Ei, den Heiligen in einem Egoisten." Das zu sehen macht einen Menschen zum Genie, zum Genie der Liebe. Dann hat er Augen für das, was verborgen im anderen vorhanden ist und lockt es zur liebenden Begegnung heraus. „Einem anderen seine eigene Schönheit offenbaren", nennt es Jean Vanier. Dies konnte Jesus wunderbar: Er schuf eine Atmosphäre, in der Menschen sich entfalten konnten, in der Menschen das Gute, das in ihnen war, selber neu entdeckten.

Bischof Klaus Hemmerle hat in seinem letzten Osterbrief vor seinem Tod am 23. Januar 1994 geschrieben: „Ich wünsche uns Oster-Augen, die im Tod bis zum Leben, in der Schuld bis zur Vergebung, in der Trennung bis zur Einheit, in den Wunden bis zur Herrlichkeit, im Menschen bis zu Gott, in Gott bis zum Menschen, im *Ich* bis zum *Du* zu sehen vermögen." Sehen – wahrnehmen – selbstlos wahrnehmen.

Eine Ehepaar, das schon mehr als 50 Jahre verheiratet ist, sitzt still in der Bahn nebeneinander und hat nicht mehr viel zu sagen. Da steigen zwei Verliebte ein und setzen sich ausgerechnet ihnen gegenüber. Zuweilen küßt der junge Mann das Mädchen. Die alte Frau schaut leuchtenden Auges zu. Plötzlich flüstert sie ihrem Gatten ins Ohr: „Das dürftest du auch mal wieder tun." Da erwidert er erschrocken: „Was fällt dir ein, ich kenne die ja gar nicht." Wahrnehmung! Sehen und übersehen.

Die französische Autorin, Anne Philipe, schrieb einen Roman – „Le Temps d'un Soupir" – über das letzte Lebensjahr ihres Mannes, der an Krebs gestorben war. Darin sagt sie: „Wir kennen einander so gut, daß jeder den Satz beenden kann, den der andere angefangen hat." Aber dann schreibt sie: „Doch hat die kleinste seiner Gesten mehr Geheimnis in sich als das Lächeln der Mona Lisa." Das zeigt, daß die Liebe lebt: Auf der praktischen Ebene kennen sie einander bis ins Detail. Das ist in einer langjährigen Ehegemeinschaft oder in einer Ordensgemeinschaft auch so. Wenn man so viele Jahre miteinander lebt, kann man die anderen am Schritt erkennen. Vielleicht können Sie auch den angefangenen Satz des anderen beenden. Aber, ich hoffe, daß das zweite auch wahr ist, daß wir noch immer das Geheimnis spüren, das wir nicht verstehen. Denn ich bin überzeugt, wenn das Geheimnis nicht mehr zu spüren ist, dann spürt man auch die Liebe nicht mehr.

In seinem Tagebuch sagt der Schweizer Schriftsteller Max Frisch (München/Zürich [3]1965, 26 ff), anknüpfend an eines der zehn Gebote – „Du sollst dir kein Bildnis machen von Gott" –, denn Gott ist zu groß, um ihn in einem Bild einzufangen. Dann macht Frisch den Sprung: „Vielleicht gilt das auch für den Nächsten. Vielleicht darf ich mir auch vom Nächsten kein Bild machen. Denn Gott ist doch das Geheimnis in jedem Menschen." Es ist eine Versündigung, wenn ich meine, einen Mitmenschen in einem Bild einfangen zu können. Wenn ich mir ein Bild vom anderen Menschen mache, lebe ich an seiner Wirklichkeit vorbei. Dann gehe ich mit dem Bild des anderen um und nicht wirklich mit diesem Menschen.

„Unsere Meinung, daß wir den anderen kennen, ist das Ende der Liebe", so Max Frisch. Das ist das Große an Anne Philipe, daß sie ihren Mann zwar sehr gut kennt, daß er aber für sie zugleich ein großes Geheimnis bleibt. Wenn das Geheimnis fehlt, dann ist es aus mit der Liebe. „Aber" – wiederum Max Frisch: „Ursache und Wirkung liegen vielleicht anders, als wir anzunehmen versucht sind." Es ist nicht so, daß – weil ich den anderen so gut kenne – darum meine Liebe zu Ende geht. Das wäre in folgendem Sinne gedacht: „Nun habe ich den anderen wirklich kennengelernt, und bin enttäuscht über ihn. Meine Augen sind aufgegangen; am Anfang habe ich viel von diesem Menschen gehalten. Aber allmählich habe ich ihn kennengelernt. Jetzt durchschaue ich ihn, und so ist meine Liebe abgekühlt." Eine solche Schlußfolgerung ist eine Umkehrung von Ursache und Wirkung. So gibt man sich einer Illusion hin und stiehlt sich davon. Die Wahrheit wäre: „Weil unsere Liebe zu Ende geht, weil sich ihre Kraft erschöpft hat, darum ist der andere fertig für mich. Ich kann nicht mehr!"

Meine Liebe hat ihre Grenze erreicht. Und darum habe ich mir von dem anderen ein Bild gemacht. Es ist für mich eine Überforderung, mit dem lebendigen anderen Tag um

Tag, Jahr um Jahr wahrhaftig umzugehen. Es ist leichter, mir von dem anderen mein Bild zu machen. Weil meine Liebe sich erschöpfte, darum habe ich mir von dem anderen ein Bild gemacht. Max Frisch: „Wir kündigen dem anderen die Bereitschaft, auf weitere Verwandlungen einzugehen. Wir verweigern dem anderen den Anspruch alles Lebendigen, das unfaßbar bleibt, und zugleich sind wir verwundert und enttäuscht, daß unser Verhältnis nicht mehr lebendig sei."

Das eigentliche Problem ist, daß meine Liebe nicht ausreicht und ich so den anderen gleichsam auf mein Bild von ihm reduziere. Ich nehme ihn nicht mehr wirklich wahr. Die Helden sind müde und haben aufgegeben. Das ist eine ernste Gefahr, in der Ehe und in jeder Gemeinschaft.

Charles de Foucauld schreibt: „Jemanden lieben heißt: für diesen Menschen immer Hoffnung haben. Von dem Augenblick an, wo wir jemanden beurteilen, wo wir unser Vertrauen in diesen Menschen einschränken, wo wir ihn gleichsetzen mit dem, was wir von ihm wissen, und ihn darauf festlegen, hören wir auf, ihn zu lieben. Er kann auch nicht mehr besser oder größer werden. Wir haben ihn eingefangen. Wir müssen dem anderen alles Gute zutrauen, müssen es wagen, Liebe zu sein in einer Welt, die nicht zu lieben weiß." So zu leben ist in unserer Welt sehr ungewohnt.

Nach dem Duden bedeutet „Evaluation": „sach- und fachgerechte Bewertung". Gelegentlich wird von uns eine solche sach- und fachgerechte Bewertung verlangt. Manchmal aber ist unsere Bewertung alles andere als sach- und fachgerecht, sondern geprägt von unseren Empfindlichkeiten; dann bestimmen Ärger, Verletzung, Vergleichen, Übereifer, Übertragungen u.ä. weitgehend unser Urteil und unsere Reaktion.

Es scheint, daß am Anfang dieses Jahrhunderts der übliche Verteidigungsmechanismus Verdrängung war: Wenn jemand mit etwas nicht fertig wurde, dann hat er es ins Unterbewußte verdrängt. Dann war es vermeintlich weg, d.h. dann war es ihm nicht mehr bewußt. Aber im Unterbewußten hat es weitergewirkt und allerhand negative Folgen gebracht. Jetzt sieht es so aus, daß in den letzten Jahrzehnten unseres Jahrhunderts ein neuer Verteidigungsmechanismus zum Zuge kommt, nicht mehr Verdrängung, sondern Übertragung oder Projektion. Übertragung bedeutet: Ich werfe es auf den anderen, oder vornehmer gesagt: Ich projiziere es auf den anderen. Ich belaste den anderen mit meinem Problem. Dies ist eine viel aggressivere Weise, mit meinen Schwierigkeiten umzugehen. Hier geht es nicht mehr darum, sach- und fachgerecht mit dem anderen umzugehen, sondern: meine eigenen Schwierigkeiten auf den anderen zu projizieren. Zum Beispiel: Wenn ich ungeduldig bin, finde ich sicher auch beim anderen Spuren von Ungeduld, und dann rege ich mich auf, daß der andere so ungeduldig ist. Im Grunde ärgere ich mich so, weil ich mit *meiner* Ungeduld nicht fertig werde. Daher bekämpfe ich es im anderen. Wir sehen im anderen, was wir in uns selbst nicht ertragen, und zwar unbewußt. Ich merke vielleicht noch, daß meine Reaktionen nicht mehr angemessen sind, daß ihr Maß nicht mehr stimmig ist, – und dies ist immer ein Zeichen von Übertragung. Wenn ich jemanden *zu sehr* hasse oder *zu sehr* liebe, dann geht es nicht mehr um den anderen, dann geht es um mich im anderen.

Wenn das Neue Testament, vor allem Jesus selbst, uns mehrmals verbietet zu urteilen und zu richten, dann geht es nicht um sach- und fachgerechte Bewertungen, sondern um Situationen, in denen wir unberechtigt und unsachlich urteilen. „Richtet nicht, damit ihr nicht gerichtet werdet. Denn wie ihr richtet, so werdet auch ihr gerichtet werden" (Matthäus 7,1f). Bei Lukas steht dann noch: „Verurteilt nicht" (6,37), aber zuerst kommt: Richtet nicht! Im Römerbrief schreibt Paulus: „Wie kannst du also deinen Bruder oder deine Schwester richten? Und du, wie kannst du deinen Bruder oder deine Schwester verachten? Wir werden doch alle vor dem Richterstuhl Gottes stehen" (14,10). Das ist es, was das Evangelium immer wieder strengstens verbietet: über andere zu urteilen.

Ich glaube, daß vor allem Ordensleute – ich bin auch einer – das recht leicht tun und daß dies wie eine Krankheit ist: „la hantise de juger" haben es die Franzosen genannt, die Obsession zu urteilen. Wir haben ohne Zweifel ein sehr ausgedehntes Netzwerk von Normen bis ins Detail; wenn wir damit den anderen beurteilen, verhalten wir uns gegen das Evangelium. Außerdem kann man sich mit diesen Urteilen gewaltig irren. Wenn ich nicht selbstlos genug bin, wenn ich nicht den anderen als den anderen wahrnehme, sondern meine Schattenseiten auf ihn projiziere, kann ich dem anderen schweres Unrecht zufügen.

In dem amerikanischen Film „Spitfire Grill" geht es um eine junge Frau, Percy, die aus dem Gefängnis entlassen wurde. Der Film fängt an, als sie in der Gefängniszelle gerade noch die letzten Poster mitnimmt; einige läßt sie hängen, einige nimmt sie mit; dann fährt sie mit einem Greyhound-Bus weit weg in ein Dorf, wo sie noch nie gewesen und völlig unbekannt ist, und fängt dort ein neues Leben an. Sie findet Arbeit in einem kleinen Restaurant: eine sehr harte Arbeit, von morgens früh bis abends spät, wenig Freizeit und auch sehr wenig Privatleben.

In diesem Restaurant arbeitet eine andere Frau, Shelby mit Namen, allerdings nur ein paar Stunden am Tag. Mit ihr bekommt Percy ein wenig Kontakt. Sie reden ab und zu; die beiden Frauen verstehen sich. Für Percy ist dieser sparsame, aber authentische Kontakt eine Wohltat. Aber der Mann Shelbys ist dagegen. Er will nicht, daß seine Frau Beziehungen mit dieser Percy hat: „Wir kennen die ja nicht, und wo kommt die her?" usw. Am Ende des Films, in einer dramatischen Szene, stirbt Percy. Es ist nicht ganz klar, ob es Selbstmord ist oder ein verzweifelter Versuch, jemanden zu retten. Percy wird beerdigt. Bei der Beerdigung tritt der Mann Shelbys vor und sagt: „Ich muß etwas sagen. Ich fühle mich schuldig am Tod Percys. Denn ich habe über sie geurteilt, obwohl ich sie nicht kannte." Wie oft tun wir das auch? „Ich habe über sie geurteilt, obwohl ich sie nicht kannte." Er kannte sie nicht. Er wußte nichts von ihrer Vorgeschichte. Er hatte nur das Gefühl: „Laß die Finger davon!" Das ist ungerecht, hier sogar tödlich ungerecht.

Noch eine andere Geschichte: Eine Frau geht in einem Stehcafé zum Mittagessen. Sie holt sich einen Teller Suppe und bringt diesen vorsichtig zu einem Stehtisch. Sie stellt den Teller Suppe ab, hängt die Handtasche unter den Tisch. Dann merkt sie, daß sie ihren Löffel vergessen hat. Sie geht also zurück zur Theke, holt sich einen Löffel und dazu eine Serviette, die sie auch vergessen hatte. Dann geht sie wieder zu ihrem Tisch und – zu ihrem großen Erstaunen steht da ein Mann am Tisch und löffelt fleißig ihre Suppe. Er ist kein Deutscher, nicht blond und keine blauen Augen, sondern dunkel, aus Italien oder aus Griechenland oder vielleicht aus der Türkei? Er kann kein Deutsch, wie sich herausstellt, so daß sie sich nicht mit ihm verständigen kann. Und der löffelt ihre Suppe! Zuerst ist sie völlig erstaunt, sprachlos. Daß so etwas möglich ist! Dann, zehn Sekunden später ist sie nur noch wütend. Und wieder zehn Sekunden später hat sie sich zusammengerafft und denkt: ‚Er ist wirklich frech, ich aber auch.' Mit dem Löffel in der Hand geht sie an den Tisch und fängt auf der anderen Seite an, aus demselben Teller zu essen. Man würde denken, der Mann wird sich wohl entschuldigen. Weit gefehlt. Der ißt ruhig weiter, lächelt – das ist seine Waffe –, er lächelt und ist freundlich, aber er läßt sich nicht beeinflussen. Und dann der Gipfel: Er gibt ihr die Hälfte ihres eigenen Würstchens! So beenden die beiden ihre gemeinsame Mahlzeit. Am Ende reicht er ihr noch die Hand, und inzwischen hat sie sich so weit beruhigt, daß sie die Hand annimmt.

Er geht weg, und sie will ihre Handtasche nehmen, aber diese ist verschwunden. Das hat sie sich doch von Anfang an gedacht: Er ist ein Gauner, ein frecher Dieb; jetzt hat er auch noch ihre Handtasche gestohlen. Sie rennt zur Tür, aber er ist weg. Nun sieht es wirklich schlimm aus, denn in der Handtasche sind Führerschein, Geld, Kreditkarte usw. Alles weg. Dann schaut sie sich noch einmal um. Auf dem Tisch nebenan steht ein Teller Suppe. Er ist inzwischen kalt geworden. Darunter hängt ihre Tasche! Sie hatte keinen Augenblick daran gedacht, daß es möglich wäre, daß nicht *er*, sondern daß *sie* sich geirrt haben könnte. Das ist überhaupt nicht in ihr Blickfeld gekommen.

Ein treffendes Beispiel: Wir sind so überzeugt von uns und unseren Vorurteilen, daß wir nicht wahr-nehmen, was wirklich ist.

Herr, unser Gott, laß mich dienen ohne Aufdringlichkeit. Laß mich anderen helfen, ohne sie zu demütigen. Mach mich dem Erdboden vertraut und allem, was niedrig ist und unansehnlich, daß ich mich kümmere, um was sich niemand kümmert. Lehre mich zu warten, zuzuhören und zu schweigen. Mach mich klein und so arm, daß auch andere mir helfen können. Schicke mich auf den Weg in diese Welt auf der Suche nach Wahrhaftigkeit, nach Liebe, auf der Suche nach deinem Namen, heute und alle Tage. Amen.

9

Ehrfurcht –
Kern der Nächstenliebe

Ich möchte das Thema des vorigen Kapitels noch
etwas weiter ausführen, von einem anderen Gesichts-
punkt her. Ich beginne mit einem etwas längeren Zitat
von Jean Vanier. Ohne Zweifel ist er Ihnen bekannt als der
Sohn des Gouverneurs von Canada, im Zweiten Weltkrieg Marineoffizier und danach Universitätsdozent für
Philosophie. Der Wendepunkt in seinem Leben vollzog
sich, als er alles aufgab, um mit zwei geistig Behinderten
zusammenzuleben. Das kostete ihn Zeit und alle Kraft. Er
hatte nicht gewußt und nicht einmal geahnt, daß dies der
Anfang einer weltweiten Bewegung würde. Er wollte nur
sein Leben für diese zwei Behinderten einsetzen. Unter
seinen vielen Büchern ist auch dies: „Jesus, the Gift of
Love", 1994 in New York erschienen und im gleichen Jahr
bereits ins Deutsche übersetzt unter dem Titel „Jesus,
Geschenk der Liebe" (Freiburg i. Br.).

Jean Vanier hatte eine sehr große Erfahrung mit Gei-
stigbehinderten, weil er mit ihnen zusammenlebte, Tag
und Nacht. Seine Grundthese lautet: Wir sind alle behindert! Der eine am Kopf und der andere am Herzen, der
dritte am Auge und der vierte am Knie, und der fünfte an
seiner Psyche, aber behindert sind wir alle. Vanier würde
es nicht gelten lassen, wenn man sagte: In der „Arche" –
so heißt die Bewegung, die er begründete – leben Geistig-
behinderte mit „Normalen" zusammen. Hier berührt man
den Nerv seines Lebens. Wir sind alle Behinderte. Diese
Überzeugung und Erfahrung klingen durch in seinem
Buch, aus dem ich nun zitiere.

„Als Kinder sind wir alle verletzt worden. Unsere erste Schmerzerfahrung geschah an dem Tag, als wir als kleines Kind merkten, daß wir bei unseren Eltern nicht ganz willkommen waren, daß sie böse auf uns waren, weil wir uns ihren Plänen nicht fügten oder nicht taten, was sie gerade wollten. Wir schrien oder weinten, und das störte sie, als sie gerade nicht gestört werden wollten. Oder wir taten etwas, was ihnen nicht recht war. Wir waren damals so klein und so verletzlich, hatten ein so großes Bedürfnis nach Liebe und Verständnis. Und wir konnten nicht begreifen, daß dieser Bruch von der Müdigkeit und Leere, von dem eigenen Schmerz und den eigenen Wunden unserer Eltern kam, die unser Weinen gerade jetzt nicht ertragen konnten, und daß es nicht unsere Schuld war. Das konnten wir nicht begreifen. Wir mußten dann wohl fliehen in Träume, Pläne, Wunschvorstellungen.

Wenn Kinder verletzt werden, verschließen sie sich manchmal und kapseln sich ab, verbergen sich hinter unausgesprochener Wut und Empörung, hinter Schmerz und Trauer, vergraben sich in Traurigkeit und Niedergeschlagenheit oder fliehen in eine Welt der Träume. Es ist, als ob ein Dolch ein sensibles und verletzbares Herz durchbohrt, ein Herz, das sich sehnt nach Gemeinschaft und Geborgenheit. Das verursacht eine schreckliche Einsamkeit und Angst, einen tiefen inneren Schmerz, Schuldgefühle auch und Beschämung. Kinder spüren, daß sie ihre Eltern verletzt und enttäuscht haben. Kein Kind kann diesen seelischen Schmerz verstehen. Es kann ihn auch nicht ertragen. Doch Kinder können ihre Eltern nicht beurteilen und schon gar nicht verurteilen –, denn sie brauchen ihre Eltern so sehr, gerade, um zu überleben. Darum halten sie dann auch ihre Wut zurück und verbergen sie und machen nur sich selbst Vorwürfe. Sie wissen dann, daß sie nicht taugen, daß sie nicht liebenswürdig sind, daß sie Versager sind, die niemand wünscht.

Wir sind alle so gebrochen und verletzt in der Liebe, angeschlagen in unserer Beziehungsfähigkeit. Wir haben alle Schwierigkeiten, andere zu verstehen, andere anzunehmen, wie sie sind, anderen Entfaltung und inneren Frieden zu wünschen. Wir sind schnell dabei, andere zu beurteilen und sogar zu verurteilen. Wir stoßen sie weg, weil wir Angst vor ihnen haben. Wir verletzen uns gegenseitig. Wir versuchen, den anderen unter Kontrolle zu halten, für unsere Zwecke zu gebrauchen. Oder wir laufen weg, fliehen und verstecken uns.

Seit unserer Kindheit haben wir diesen Schmerz vergraben, tief in uns, in einer vergessenen Welt mit ganz festen Sperren und Barrieren. Es ist in dieser vergessenen Welt von frühzeitiger Verletzung, Ablehnung und Verwirrung, daß der Durst nach Liebe und Gemeinschaft verwundet und verletzt ist. Und dann werden die Beziehungen gefährlich, riskant. Darum sind wir geneigt, nicht in der Wirklichkeit, sondern im Traum zu leben, in Ideologien und Illusionen, in Theorien und Plänen, in Unternehmungen, die uns Erfolg und Anerkennung bringen. Die Barrieren um unsere Herzen sind tief und stark, um uns vor noch mehr Schmerz zu schützen. Und so leben wir in der Vergangenheit oder in der Zukunft oder in einer Traumwelt" (Übersetzung des Verfassers; vgl. das engl. Original S. 66 ff; dt. Ausgabe S. 69 ff).

Wir sind alle eine Last, für uns selbst und auch für andere. Nicht das Vollkommene, sondern das Unvollkommene fleht um unsere Liebe. Teresa von Avila hat einmal gesagt: „Ich lerne am meisten von meinen Feinden." Sie meint natürlich vor allem: Ich lerne die Liebe, denn das ist das einzige, was zählt und bleibt. Und das sagt jemand mit solch begeisterten, intimen und wunderbaren Freundschaften wie Teresa: mit Johannes vom Kreuz und mit Pater Gracián … Genau dies meint: „Von meinen Feinden habe ich am meisten gelernt. Da habe ich die Liebe gelernt."

Gelegentlich kann es sein, daß einer uns zugemutet wird, mit dem man sich schwer tut. Und was sagt dann Gott dazu? Das soll zu einer Gnade werden. „Wir wissen, daß Gott bei denen, die ihn lieben, alles zum Guten führt, bei denen, die nach seinem ewigen Plan berufen sind" (Römer 8,28). Auch daß gerade dieser Mensch mir anvertraut ist: Das soll zum Guten führen, soll etwas Schönes werden und eine Gnade sein. So hat es die kleine Theresia von Lisieux gesagt: „Tout est grace" – „Alles ist Gnade". Auch dieser Mensch ist eine Gnade. Aus unserem Zusammenleben – etwa in der Ordensgemeinschaft oder Familie – soll etwas sehr Schönes werden.

Leider sagen weder Paulus im Römerbrief noch die Evangelien, wie das geschehen kann. Das müssen wir uns selber ausdenken oder uns einfallen lassen. Auf jeden Fall ist uns etwas Kostbares und Wichtiges geschenkt worden, die göttliche Garantie: Das kann zu etwas Gutem und Schönem werden. Dazu wird uns noch der göttliche Auftrag anvertraut: Sorge dafür, daß es sich zur Gnade entwickelt. Dabei mußt du erfinderisch, kreativ sein, aber du hast die Garantie, daß Gott will, daß es zum Guten führt.

Das ganze etwas praktischer: Wenn jemand ständig hinkt, dann nehmen wir an: Der arme Mensch hat etwas mit dem Fuß oder mit dem Knie oder mit der Hüfte, und darum kann er nicht normal gehen. Und dann sind wir hilfsbereit; halten dem, der hinkt, die Tür und denken: Das tue ich gerne für ihn. Da aber hinkt jemand psychisch – das kommt ja nicht selten vor. Dann können Sie genauso sicher sein: Da ist etwas nicht ganz in Ordnung; da zeigt sich eine – vielleicht nur geringfügige – Behinderung. Die steckt irgendwo in seinem Herzen oder in seiner Psyche, in seiner Seele. Um zu überleben, geht er hinkend durchs Leben.

Das Merkwürdige ist aber, daß wir uns bei einem physisch Hinkenden leicht tun, uns spontan zeigen und Hilfe leisten. Aber bei einem psychisch Hinkenden werden wir oft hart und unbarmherzig, haben kein oder kaum Verständnis dafür, daß er oder sie diese „Macke" hat. Gerade die darf er nicht haben. Wir üben Zwang aus, machen Druck: Er soll diese Eigenart aufgeben oder zugeben, daß er psychische Probleme hat. Ja, wenn er dies zugibt, dann ist die Welt wieder im Lot, und in unserer Überlegenheit können wir Mitleid haben. Wie unbarmherzig! Von dem hinkenden Mann verlange ich auch nicht, daß er erst eine Erklärung abgibt über seine Behinderung. Ich begegne diesem Menschen mit Achtung, weil ich sehe, daß er hinkt. Ich akzeptiere, daß er behindert ist. Ja, ich lasse es zu einer Gnade werden. Das ist wohl auch die Absicht Gottes.

„Das Größte auf Erden ist die Ehrfurcht, denn sie ist der Kern der Liebe." Dieses Wort habe ich auf einem Tabernakel in Mariental im Rheinland, bei Wesel, gelesen. Das Größte sollte die Ehrfurcht sein? Dieser Satz rief in mir Widerspruch hervor. Es war in meinem Urlaub, und ich habe an jenem Vormittag einen langen Spaziergang gemacht, allein in einem Wald, – dieser Text, mit dem ich mich nicht anfreunden mochte, kam mir immer wieder in den Sinn, bis die Ungeduld siegte und ich dachte: ‚Du findest diesen Satz also nicht gut, dann laß ihn einfach sein.' Aber zwei Minuten später war ich wieder dabei und habe mir gesagt: ‚Also gut, jetzt darfst du sagen, was für dich das Größte auf Erden ist, aber einmal, nicht zehnmal; und dann ist Schluß!' Da war ich ganz schnell fertig: ‚Die Liebe ist das Größte auf Erden.' Doch plötzlich fiel es mir wie Schuppen von den Augen. Denn der Text sagt ja: „Das Größte auf Erden ist die Ehrfurcht, denn sie ist der Kern der Liebe." Es geht um Liebe, um ihr Zentrum, um das, was sie erst ermöglicht, um das, was sie ausmacht.

Merkwürdig: Man lehnt etwas ab und findet es unzutreffend oder unpassend. Doch wenn man sich darauf einläßt, entdeckt man eine Perle. „Das Größte auf Erden ist die Ehrfurcht, denn sie ist der Kern der Liebe." Ich bin überzeugt, wenn die Ehrfurcht fehlt, dann fehlt auch die Liebe. Ich kann jemandem hundert Mark schenken: Wenn ich es ohne Ehrfurcht tue, beleidige ich ihn, verletze ich ihn, wenn es ohne Liebe geschieht. Das gilt auch für den Umgang miteinander: Wenn die Ehrfurcht fehlt, dann fehlt Liebe. Gegenüber einem Behinderten soll ich Ehrfurcht haben, ob die Behinderung jetzt physisch oder psychisch ist, und ob es mir jetzt lästig ist oder nicht: Ich soll Ehrfurcht vor diesem Menschen haben. Habe ich sie nicht, fehlt Liebe.

Während seines öffentlichen Lebens hat Jesus immer wieder gesagt, daß die Liebe zum Nächsten zwar das zweite Gebot ist, jedoch gleichrangig mit der Liebe zu Gott, dem ersten Gebot. „Du sollst den Herrn, deinen Gott lieben mit ganzem Herzen, mit ganzer Seele und mit all deinen Gedanken; das ist das wichtigste und erste Gebot. Ebenso wichtig ist das zweite: Du sollst deinen Nächsten lieben wie dich selbst" (Matthäus 22,37 ff). Ich finde, dies ist ein großartiges, aber auch ein tragisches Gebot. Die Tragik liegt darin, daß ein Mensch, der sich selbst nur wenig liebt, auch den Nächsten nur wenig lieben kann. Das ist das Maß. Leider lieben allzu viele Menschen sich selbst gar nicht so sehr.

Mit C.G. Jung unterscheide ich zwischen Eigenliebe und Selbstliebe. Eigenliebe ist die Liebe für das Ego; sie ist kaum offen für andere. Selbstliebe ist die Liebe zum Selbst und fähig zur Nächstenliebe. Wenn Eltern ein Kind verwöhnen, ist es nicht selten ein Mangel an wirklicher Liebe, und dies tut dem Kind nicht gut. Wenn Menschen sich allzu oft selbst verwöhnen, ist auch dies im Grunde ein Mangel an echter Liebe, an Selbstliebe und ein Zuviel an Eigenliebe.

„Liebe deinen Nächsten wie dich selbst!" Menschen, die sich selbst wenig lieben, können auch den Nächsten nur wenig lieben. Wenn die Selbstliebe gering ist, dann suche ich in Beziehungen mich selbst, suche Selbstbestätigung und Selbstwertgefühl in der Begegnung mit anderen. Ich suche nicht so sehr den anderen, sondern ich suche mich im anderen. Was ich dann „Liebe" nenne, ist eigentlich zivilisierter und vornehmer Egoismus. Es geht im Grunde eher um mich als um den anderen.

Wie gesagt, ich finde es ein tragisches Gebot: „Liebe deinen Nächsten wie dich selbst." Damit wird der Nächstenliebe nicht selten eine ganz enge Grenze gesetzt. Mir fällt aber auf, daß Jesus am Ende seines Lebens einen neuen Horizont eröffnet hat. Er lehrt etwas ganz Neues, wenn er sagt: „Ein neues Gebot gebe ich euch: Liebt einander! Wie ich euch geliebt habe, so sollt auch ihr einander lieben. Daran werden alle erkennen, daß ihr meine Jünger seid, wenn ihr einander liebt" (Johannes 13,34 f).

Hier ist die Norm der Liebe also nicht mehr: „Liebe den anderen wie dich selbst", sondern: „Liebe den anderen, wie ich dich liebe." Das ist ein Riesensprung, und – wenn man ein klein wenig nachdenkt – auch wohl eine Überforderung. Einander lieben, wie Jesus uns geliebt hat. Muß ich dem andern dann auch die Füße waschen? Muß ich dann auch, wenn ich verletzt werde, beten: „Vater, vergib ihnen, denn sie wissen nicht, was sie tun"? Muß ich dann auch die Demütigungen annehmen, wie Jesus sie angenommen hat?

Das scheint eine maßlose Überforderung zu sein. Ohne Zweifel war Jesus sich bewußt, daß er uns in diesem seinem Vermächtnis etwas zumutete, was wir aus eigener Kraft nicht schaffen: „Wie ich euch geliebt habe, so sollt auch ihr einander lieben." Eine solche Liebe kann uns nur geschenkt werden. Dabei stoßen wir auf etwas ganz Wesentliches im Evangelium: Gott ist Liebe und die Quelle aller Liebe. Was ich tun muß, ist: mein Herz öffnen, um die Liebe Gottes zuzulassen und in mich aufzunehmen, damit ich von ihr erfüllt werde. Und dann, wenn mein Herz voll davon ist, dann strömt es über und schenkt weiter, was es empfangen hat. Der erste Teil dieses Stromes ist die Liebe Gottes zu mir, der zweite Teil desselben Stromes ist meine Liebe zum Nächsten. Es ist das gleiche Wasser, aus gleicher Quelle.

Wir können uns auch das bereits erwähnte Bild von Bischof Mussinghoff vor Augen führen: Wenn mein Herz verschlossen ist, wird es zu einem Toten Meer, so salzig, daß darin und darum herum nichts leben kann. Aber wenn mein Herz sich öffnet, so daß die Liebe Gottes hinein- und weiterströmen kann, wird es ein See Genesaret. Die Liebe, mit der ich liebe, muß ich mir schenken lassen, muß und darf ich von Gott empfangen, zulassen und weiterströmen lassen. Mein Teil ist es, mein Herz weit zu machen.

Als Niederländer habe ich eine geographische Beobachtung gemacht, die ich symbolisch betrachte: Der Rhein kommt bei Lobit in die Niederlande. Bald danach, 10 oder 20 Kilometer weiter, zweigt er ab. Dann fließt die Waal mit zwei Dritteln des Rheinwassers weiter, und ein schlanker Rhein fließt als bescheidener Fluß weiter über Arnheim westwärts. Bei Wijk bij Duurstede verändert der Rhein sogar seinen Namen und heißt von da an Lek. Der Rhein mündet nicht als Rhein in die Nordsee. Ehe er dort ankommt, hat er seinen Namen geändert. Als Kind habe ich immer gedacht, das muß doch wohl ein ganz besonderer Ort sein, wo der Rhein seinen Namen verändert. Als ich später einmal an diesem Ort war, entdeckte ich, daß da überhaupt nichts Besonderes ist. Da steht ein Schild: Lek. Das ist alles. Es ist genau derselbe Strom, der weiterfließt; er hat nur einen anderen Namen bekommen.

Ein Gleichnis der Nächstenliebe. Sie ist die Liebe Gottes. Aber irgendwo auf der Höhe unseres Herzens steht ein kleines Schild, und darauf steht: Nächstenliebe. Ja, von da an heißt sie Nächstenliebe. Aber es ist dieselbe Liebe. Wenn ich's so sehe, kann ich mit diesem neuen Gebot etwas anfangen. Sonst wäre ich völlig überfordert. Ich kann doch unmöglich den Nächsten lieben, wie Jesus ihn liebt. Das kann ich von mir aus nie. Aber wenn es mir geschenkt wird, dann geht es. Genau dies meint Jesu Gebot: daß wir transparent, ganz offen und durchlässig sind für die Liebe Gottes, damit sie durch uns hindurchströmen kann zum Nächsten.

In ersten Korintherbrief singt Paulus das Hohelied der Liebe. Die Mitte dieses Liedes ist eine Phänomenologie der Liebe, mit der Paulus die Gestalt, das Wesen der Liebe beschreibt, aber zugleich ein Porträt Jesu zeichnet: „Die Liebe ist langmütig, die Liebe ist gütig, sie ereifert sich nicht, sie prahlt nicht ..." (13,4–7).

Ersetzen wir das Wort „Liebe" und schreiben „Jesus", dann paßt es ganz genau: „Jesus ist langmütig, Jesus ist gütig, er ereifert sich nicht, er prahlt nicht, er bläht sich nicht auf. Jesus handelt nicht ungehörig; Jesus sucht nicht seinen Vorteil; Jesus läßt sich nicht zum Zorn reizen; Jesus trägt das Böse nicht nach. Er freut sich nicht über das Unrecht, sondern freut sich an der Wahrheit. Jesus erträgt alles; er ist voller Glaube und voller Hoffnung und hält allem stand." – So tue ich gut daran, in der Person Jesu die Liebe zu erfahren, auf ihn zu schauen und von ihm zu lernen, was lieben ist, damit er und die Liebe in mir wirken und wachsen, so wie Paulus von sich sagen konnte: „Ich lebe, aber eigentlich lebe nicht mehr ich, Christus lebt in mir" (Galater 2,30). Darum geht es auf unserem Weg, daß wir mehr und mehr sagen können: Ich liebe, aber eigentlich liebe nicht ich, Christus liebt in mir.

Der andere ist auch verwundet. Gib, der du Erbarmen hast mit unser beider Unvermögen, gib mir Bereitschaft, seine Not zu sehen und mein Verletztes nicht zu horten wie einen dunklen Schatz, den die Gedanken immerfort umkreisen.
Der andere ist auch verwundet. Bewahre mich, der du durchschaust, warum wir kein Gehör schenkten der Warnung des Herzens, bewahre mich davor zu markten: für mich die tiefere Verletzung, den geringeren Schuldanteil einzustreichen, einem Gewinn gleich, auf den ich Anspruch hätte.
Der andere ist auch verwundet. Und wenn ich deine Nähe suche, so ist er bei uns, Gott, und ich will ihn mit deinen Augen sehen, den mir der Zorn so tief entfremdet. Herr, heile das erschütterte Vertrauen. Und wenn ich nicht verzeihen kann, verzeihe du mir. Um deinen Frieden bitte ich, der aller Feindschaft Ende ist. Herr, sprich uns zu: Der Friede sei mit euch! Amen.

Aus: Sabine Naegeli, Die Nacht ist voller Sterne, Freiburg i. Br. [13]1997, 82 f

10

„Vater, vergib ihnen ..."

Heute gehen unsere Gedanken nach Golgota, auf den Kalvarienberg, in die Meditation über das erste der sieben Worte Jesu am Kreuz, die er da spricht: „Vater, vergib ihnen, denn sie wissen nicht, was sie tun" (Lukas 23,34).

Im Alten Testament steht mehrmals, daß der Notschrei der Armen ein Gebet ist, das Gott erhört. „Verbirg dich nicht vor dem Verzweifelten, und gib ihm keinen Anlaß, dich zu verfluchen. Schreit der Betrübte im Schmerz seiner Seele, so wird Gott, sein Fels, auf sein Wehgeschrei hören" (Jesus Sirach 4,5 f). Im Bundesbuch heißt es in ähnlicher Weise: „Ihr sollt keine Witwe oder Waise ausnützen. Wenn du sie ausnützt und sie zu mir schreit, werde ich auf ihren Klageschrei hören" (Exodus 22,22). Um so mehr wird Gott hören auf den Notschrei seines Sohnes, der der Arme schlechthin geworden ist. Dazu kommt, daß der Notschrei Jesu eine Bitte aus Liebe ist: „Vater, vergib ihnen, denn sie wissen nicht, was sie tun."

Zunächst gilt diese Bitte den Soldaten und den Henkersknechten, die das Werk der Kreuzigung vollziehen, ihr Handwerk. Tatsächlich, sie wissen nicht, was sie tun. Sie haben keine Ahnung, wen sie da heute ans Kreuz schlagen. Über sie hinaus gilt die Bitte auch denen, die ihnen diese Arbeit aufgetragen haben: Pilatus, und hinter ihm die Schriftgelehrten, die Priester und Pharisäer. Da wird die Sache schon etwas nuancierter: Sie wissen, was sie in Auftrag gegeben haben. Sie haben es geplant, sorgfältig, mit viel Überlegung, und sie haben es durchgeführt. Aber auf einer anderen Ebene ist doch wahr: Sie wissen nicht, was sie tun; denn Jesu Sendung, Jesu Person, sein Verhältnis zum Vater, seine Liebe kennen sie nicht. Dafür haben sie sich verschlossen. Und drittens gilt diese Bitte Jesu über sie hinaus auch für uns: „Vater, vergib ihnen, denn sie wissen nicht, was sie tun." Wenn ich Jesus besser kennenlernen will, ihn mehr lieben und ihm ehrlicher nachfolgen will, dann muß ich hier gut hinschauen, gut zuhören und es zulassen in meinem Herzen.

Die Lehre Jesu war immer, daß wir einander vergeben sollen. In seiner Feldrede sagt er: „Erlaßt einander die Schuld, dann wird auch euch die Schuld erlassen werden" (Lukas 6,37). Und im Vaterunser heißt es: „Vergib uns unsere Schuld, wie auch wir vergeben unseren Schuldigern." Sind wir uns bewußt, was wir da beten?

Petrus fragt Jesus: „Soll ich siebenmal vergeben?" „Nein", sagt Jesus, „nicht siebenmal, sondern siebenundsiebzigmal" (Matthäus 18,22), d.h. ohne Einschränkung, immer. Anschließend erzählt Jesus ein Gleichnis von einem Mann mit einer riesigen Schuld, sozusagen einer Milliardenschuld – 10 000 Talente. Das ist ein alle realen Verhältnisse übersteigender Betrag. Wenn dieser Mann verspricht: „Hab Geduld mit mir, ich werde dir alles zurückzahlen", dann weiß er selber und auch der Herr, daß er das nicht kann. Und doch – der Herr erläßt ihm seine Schuld. Wegen einer viel kleineren Schuld greift er danach seinen Kollegen an. Die Pointe dieses Gleichnisses scheint mir nicht so sehr eine moralische Forderung: Weil Gott dir vergeben hat, darum sollst du deinem Nächsten vergeben – sondern vielmehr eine existentielle Notwendigkeit: Wenn du ein Menschenherz hast und auch nur ein wenig begreifst, was dir geschehen ist, dann kannst du nicht anders, als deinem Mitmenschen zu vergeben. Wenn du es nicht tust, verstehst du nicht, was dir geschenkt wurde.

Menschliche Vergebung bedeutet, daß der, der verzeiht, seinen Haß und Groll überwindet. Damit entspannt sich sein Herz, und er wird frei. Göttliche Vergebung ist ganz anders. In der göttlichen Vergebung verändert sich nichts in Gott, sondern in dem, dem vergeben wird. Dieser Mensch taut auf, verliert die Eiskruste um sein Herz, die Verhärtung und Schwere.

In Lukas 7 wird die Begegnung Jesu mit der Sünderin im Haus des Simon, eines Pharisäers, erzählt; da kommt der berühmte Vers vor, die ‚crux‘ der Exegeten: „... deshalb sage ich dir: Ihr sind viele Sünden vergeben worden, weil sie mir soviel Liebe gezeigt hat“ (7,47).

Wenn man diesen Vers aus dem Kontext herausnimmt, würde er besagen: Ihre Sünden sind ihr vergeben, weil sie soviel Liebe gezeigt hat; durch ihre Liebe hätte sie die Vergebung verdient. Das kann natürlich nicht wahr sein und steht in direktem Widerspruch zum nächsten Halbvers (47b): „Wem aber nur wenig vergeben war, der zeigt auch nur wenig Liebe.“ Und es paßt nicht in den größeren Kontext dieser Perikope. Es läuft der Parabel zuwider, die Jesus gerade vorher (7,40–43) dem Simon erzählt hat. Und es paßt überhaupt nicht in die Schrift. Ich glaube, daß die Lösung des scheinbaren Widerspruchs ganz einfach ist, aber subtil.

Nehmen wir einmal an, es regnet draußen: Jemand kommt zu mir und ist naß. Jetzt sage ich: „Du warst draußen, denn du bist naß.“ Das ist doch ganz logisch. Aber es ist genau umgekehrt: „Du bist naß, denn du warst draußen.“ Analog ist die Situation in unserem Evangelientext: „Deine Sünden sind dir vergeben, denn du hast viel Liebe gezeigt.“ Wiederum ist es in Wirklichkeit genau umgekehrt: „Du hast viel Liebe gezeigt, denn deine Sünden sind dir vergeben.“ Aus der Tatsache, daß diese Frau so viel Liebe zeigt, folgt, daß ihre Sünden vergeben worden sind. Kehren wir noch einmal zurück zu dem durchnäßten Besucher. Während er naß vor mir steht, sage ich: „Du warst draußen, denn du bist naß.“ In meiner Logik kehre ich so die chronologische Abfolge um. Er steht naß vor mir, und ich gehe gedanklich von hier aus zurück in die Zeit und schließe, daß er wohl kurz zuvor draußen gewesen sein muß. Genauso hier: Die Frau steht voller Liebe vor Jesus und dem Pharisäer. Und aus dieser großen Liebe kann man schließen, daß vorher etwas geschehen sein muß, nämlich die Vergebung der Sünden. Die größere Liebe ist die Frucht größerer Vergebung, die sie vorher erfahren hat, obwohl diese Vergebung erst am Schluß der Perikope artikuliert wird. Unsere Schuld wird vergeben – *ohne* unser Verdienst – und damit wird die Liebe freigesetzt.

Nicht nur die Lehre, sondern auch die Praxis Jesu zeigt einen unerschöpflichen Willen zur Vergebung. Zur Ehebrecherin (Johannes 8,10f) sagt er: „Hat dich keiner verurteilt? … Auch ich verurteile dich nicht." Da sind Zachäus, die Sünderin in der eben genannten Perikope von Lukas 7 und der Gelähmte, der durch das Dach heruntergelassen wurde. Immer wieder hat Jesus ohne Zögern vergeben. Er wartet nicht auf Entschuldigung oder Reue. Der Gelähmte kam, um von seiner Lähmung geheilt zu werden, und war wohl völlig überrascht, als Jesus ihm sagte: „Deine Sünden sind dir vergeben." Darum hatte er gar nicht gebeten; und er hat sich auch nicht entschuldigt oder Reue gezeigt. Aber Jesus vergibt.

Jesus hat uns das Gleichnis vom wiedergefundenen Vater erzählt, und was er in diesem Gleichnis zum Ausdruck bringt, hat er selbst vorgelebt: „Wer mich sieht, sieht den Vater." Vergebung ist eine ganz tiefe Form der Liebe, nach dem Wort von Werner Bergengruen: „Wohl erprobt sich die Liebe in der Treue, sie vollendet sich aber in der Vergebung." Vergebung – die Vollendung der Liebe. Sie ist auch die Bereitschaft, am anderen zu leiden, damit die eigene Vergebung den anderen heilt.

Was bedeuten diese Lehre und Praxis Jesu für uns heute, für mich? Das fleischgewordene Wort Gottes – des Gottes, der Liebe ist – verkörpert Gottes Vergebung. Mit seiner ganzen Person und durch sein ganzes Leben, vor allem in seiner „Stunde", wenn er stirbt am Kreuz, vermittelt er uns, daß seine Vergebung grenzenlos ist, so wie seine Liebe keinen ausschließt. Das bedeutet, daß dieses Wort auch meine Rettung ist. „Bei ihm ist Vergebung, und davon leben wir." Hier müßten wir eigentlich eine lange Pause machen, um das wirklich in uns zuzulassen, damit es sich tief einsenken und entfalten kann. Der Vater hat die Bitte des sterbenden Jesus erhört und so den Tod Jesu zur Quelle der Verzeihung aller Schuld gemacht.

Dann aber kommt ein anderes Blatt: Habe ich einem anderen etwas zu vergeben, auch wenn es seine oder ihre eigene Schuld ist? Aggressivität und Gewalt nehmen in unserer Welt immer mehr zu. Vergebung muß den Strom der Gewalt umleiten oder noch besser: zum Versiegen bringen. Dag Hammarskjöld schrieb Ostern 1960 in sein Tagebuch: „Verzeihung bricht die Ursachenkette" – ein ganz tiefes Wort des schwedischen Diplomaten und Mystikers: Verzeihung bricht die Ursachenkette. Haß verursacht und rechtfertigt die Gewalt, und die Gewalt schürt wieder den Haß. Das ist ein Teufelskreis. Vergebung durchbricht ihn. Unsere Welt braucht Vergebung. Ohne sie fehlt ihr das menschliche Gesicht und der Widerschein von Schöpfung.

Vergebung heißt keineswegs verdrängen, so tun, als ob nichts gewesen wäre, versuchen zu vergessen, weil ich meine Ruhe haben will. Das ist keine Vergebung und auch keine Lösung. Vergeben und vergessen – sagt der Volksmund gelegentlich. Obwohl ich den Volksmund sehr schätze, bin ich hier nicht einverstanden. Ein tiefes Unrecht, das ich erlitten habe, bleibt gespeichert in meinem Gedächtnis, oft sogar in meinem Leib und sicher in meiner Psyche. Ich kann es nicht vergessen. Das geht nicht. Es wäre auch nicht ideal.

Vergebung ist auch nicht eine blauäugige Naivität, die alles beschönigt, die bereit ist, alles zu glauben und alles wieder auszuwischen. Das ist keine Vergebung. Vergebung ist auch nicht Schwäche, die der Auseinandersetzung aus dem Weg geht, die vor der Realität flieht, ohne Überzeugung und ohne echte Bindung; Schwäche, die den Mut nicht hat zu einer Auseinandersetzung. Das alles

ist Vergebung nicht; das sind Karrikaturen von Vergebung, die uns auf die falsche Spur führen.

Wohl ist jeder Mensch größer als seine Schuld, und ich
darf keinen Menschen auf seine Schuld reduzieren. Wenn
ich das tue, begehe ich großes Unrecht. Dann mache ich
mir von einem Mitmenschen ein Bild, und zwar das Bild
des Ungerechten, des Störenfrieds. Wenn dies das einzige
ist, was ich von ihm noch sehe, mache ich mich selbst
schuldig, weil ich mit der Schuld des anderen nicht richtig umgehe. Denn: Jeder Mensch ist größer als seine
Schuld.

Hierzu noch eine Bemerkung: Wo der andere Schuld
hat, kann es sehr gut sein, daß auch ich eine Schuld habe.
Da ist der Volksmund wieder ganz klug: Wo zwei streiten,
haben zwei Schuld. Es ist ganz schwer, gerecht mit Unrecht umzugehen. Das gelingt nur wenigen. Wenn ich
schon sehr klar die Schuld des anderen sehe, dann wäre
es klug, ein paar Minuten zu bedenken und zu schauen,
wie ich denn damit umgegangen, ob ich nicht auch selber
schuldig geworden bin. Wut über die Schuld des anderen
kann ganz leicht zur Verdrängung der eigenen Schuld
führen. Und dann sehe ich nur noch die Hälfte.

Es kann auch gut sein, daß ich das Tun des anderen
falsch verstanden habe, wie jene Frau im Stehcafé. Sie war
sich ganz sicher, daß der andere ein Gauner sei, der ihre
Suppe gegessen hat. Kann Ähnliches nicht auch bei mir
vorkommen, daß ich mich irre, daß da nichts Böses auf
der anderen Seite ist, sondern daß ich mich geirrt und
mich in meinem Irrtum versteift habe?

Vergebung heißt: Enttäuschung und Groll, wozu ich be-
rechtigt bin, hergeben. Ich habe durchaus ein Recht auf
diesen Groll. Jetzt gebe ich ihn her, bringe Gott das Opfer
meines Grolls. Das ist Vergebung. Ein anderer hat mich
wirklich ungerecht behandelt, und trotzdem gebe ich die
Enttäuschung und Demütigung her, die normal und angemessen sind, und begegne dem Menschen, der mich verletzt hat, mit mehr Wohlwollen, als er/ sie es nach soge-
nannten menschlichen Maßstäben verdient. Sie erinnern

sich an das zweite Kapitel: Jeder Mensch braucht mehr Liebe, als er verdient. Im Vergeben geht es um meine Großherzigkeit, darum, daß ich dieses „Mehr" praktiziere und dem anderen mehr Liebe schenke, als er verdient.

Warum kann das Vergeben so schwer sein? Etwas in uns will sich festklammern an unserer Verletzung und an unserem berechtigten Groll. Das ist wie ein dunkler, vermeintlich kostbarer Schatz. Und diesen Schatz hüte ich. Der andere hat mich verletzt. Dabei bleibe ich. Dahin kann ich mich zurückziehen, mich darin einnisten, einkapseln, unerreichbar für Herzensgedanken der Liebe und Vergebung. Ich pflege meinen Schmerz und meinen Groll, wie eine heimliche, unheimliche Sucht. Auf diese Weise aber richte ich mein Leben zugrunde und zerstöre mein Lebensglück. Hier liegt auch der Punkt, an dem viele Menschen steckenbleiben, im Gebetsleben, oder überhaupt im Leben nach dem Evangelium: daß sie nicht verzeihen können. Da gibt's nur mehr endlose Wiederholungen, manchmal neurotische. Da wird eine Geschichte von vor zwanzig Jahren wieder hervorgeholt, und zwar mit einer Wonne, als ob es erst gestern geschehen sei. Zwanzig Jahre gepflegter und gehüteter Groll – ein Teufelskreis. Ich habe den Kreis schon so viele Male abgelaufen, und ich laufe wieder und wieder und komme nicht heraus, weil ich den Absprung nicht wage.

Es kann das Nachtragen eines Mißerfolgs sein. Irgendwo bin ich gescheitert, und daran ist der/die andere schuld. Wenn er/sie sich anders benommen hätte, wäre das für mich ein Erfolg geworden. Ich kann ihm/ihr das nicht vergeben! Oder – der andere hat meine Pläne durchkreuzt. Nun pflege ich diese Enttäuschung. Oder – ich habe mich gedemütigt gefühlt. Ich habe das Gesicht verloren. Der andere ist Schuld, daß ich mich blamiert habe. Oder – ich bin in meiner Ehre verletzt worden oder in meiner Sensibilität. Ich bin ja ein sensibler Mensch. Die Verletzung breitet sich immer mehr aus. Vergeben? Das kann keiner verlangen!

117

Im Verzeihen bricht etwas wirklich Neues in unsere Welt ein. Wer kreativ leben möchte, muß verzeihen. Dann bricht etwas Neues durch. Ohne Verzeihung bleiben wir gefangen im Teufelskreis der endlosen Wiederholungen oder in der Eindimensionalität, fern von Gott.

Vergeben heißt: das Leben wählen, und nicht vergeben bedeutet: den Tod wählen, die kleinen glück- und segenslosen Tode. Vergeben kann einen Menschen, eine Gemeinschaft und sogar ein Volk erneuern. Vergeben ist ein mutiger Akt des wachen Menschen, der die Faszination des Bösen aufbrechen und sogar den Feind aus der Sterilität und der Isolation befreien will. Damit öffnet Vergebung wieder Zukunft, für mich und für den anderen. Nicht-Verzeihen führt zu Beziehungslosigkeit und Lebenskälte. Ich drehe mich in einem kalten Kreis aus Groll, Selbstmitleid und Verachtung. Nicht-Verzeihen führt zur Nicht-Kommunikation, zum Eingekapselt-Sein. Ich verliere den Kontakt mit den Mitmenschen und mit der Wirklichkeit. Die höchste Gerechtigkeit besteht nicht darin, den Übeltäter zu vernichten, umzubringen – mit der Todesstrafe –, sondern ihn aus seinem destruktiven Wollen zu befreien und ihm die Möglichkeit zu einer neuen Beziehung zu eröffnen. Nur das Verzeihen kann echte Zukunft eröffnen und neue Beziehungen schaffen. Gewalt kann das nie. Wer die Vernichtung des Gegners will – durch Inquisition, Kriege, Konzentrationslager, Massaker, Todesstrafe –, riegelt die Zukunft ab und macht Gottes Welt unbewohnbar.

Verzeihen ist ein Akt der Freiheit, die sich nicht die Logik des Gegners zu eigen macht. Das kann freilich sehr schwer sein. Aber nicht verzeihen ist ebenfalls schwer, vielleicht noch schwerer! Es gibt ein chinesisches Sprichwort: „Wer Rache sucht, soll zwei Gräber graben." Die Rache, das Zürnen, der Groll, der Haß vergiften das eigene Leben. Es ist eine Wohltat und eine Erlösung, vergeben zu dürfen, verzeihen zu können. Vergeben gehört zur Liebe, so wie Jesus sie versteht. „Die Liebe trägt das Böse nicht nach … Die Liebe erträgt alles, ist voller Hoffnung, voller Glauben, hält allem stand" (1 Korinther 13,5.7).

Wer wirklich vergeben will, muß von seinem Thron herunter. Sonst wird die Vergebung zu einer Anklage des anderen. Und dann soll man sich nicht wundern, daß der andere sie ablehnt. In Freiheit und Liebe zu vergeben bedarf der inneren Wahrhaftigkeit und eines guten Maßes an Demut. Manchmal ist es nicht die Verstocktheit des anderen, sondern unser eigener Hochmut, der die Vergebung verhindert.

Vergeben kann echte, schwere innere Arbeit sein, vor allem Eltern, Vorgesetzten, Priestern, Bischöfen – jetzt höre ich auf – gegenüber. Und doch: Nur im Vergeben bricht neues Leben durch. Und – Vergebung des Herzens ist ein langer Prozeß. Ich muß es immer wieder tun. Man kann es mit dem Bild einer Spirale beschreiben – ein Bild, das häufig zutrifft. Ich kann mich in einem Kreis drehen, bis ich verrückt werde, und ich komme nicht voran. Wenn ich mich in einer Spirale bewege, dann komme ich bei jeder Runde ein bißchen höher. Das ist schon ein Fortschritt, wenn auch ein kleiner. Das Entscheidende ist aber, daß ich in einer Spiralbewegung bei jeder Runde wieder am selben Punkt vorbeikomme und wieder dieselbe Aussicht, dieselbe Konfrontation habe. Ich muß mich wieder damit auseinandersetzen. Dann gehe ich eine Runde weiter, bis ich wieder an diesen Punkt komme. Da muß ich immer wieder vergeben. So ist das Leben. Vergeben geht nicht ein für alle mal, sondern ist wirklich ein Prozeß.

Im fünften Kapitel hieß es: Das Annehmen der Vergebung ist ein Prozeß. Jetzt kann ich diese Aussage ergänzen: Auch Vergeben ist ein Prozeß. Ich muß bereit sein und den Mut und die Ausdauer haben, immer wieder zu vergeben. Auch hier gibt es mehrere Phasen: Erst einmal müssen der grundsätzliche Wille, die innere Bereitschaft reifen zu vergeben. In einer zweiten Phase bin ich bereit zu vergeben, ich will es, aber nur mit dem Kopf, mit der Willenskraft, aber das Herz geht noch nicht mit. Ich bin schon auf dem Weg, ich bin schon eine Etage höher, aber noch nicht am Ziel. Danach reift die Phase, in der das Vergeben ·aus dem Herzen kommt, der Groll verschwindet und die Transparenz eintritt.

Alle diese drei Phasen sind Gnade. Aus eigener Kraft sind wir nicht imstande, wirklich zu vergeben, schon gar nicht, wenn es sich um eine tiefe Verletzung handelt. Wer spürt, daß er (noch) nicht vergeben kann, soll sich davor hüten, sich selbst dafür verantwortlich und schlecht zu machen, solange der ehrliche Herzenswille da ist, zur Vergebung heranzureifen.

Ich lade Sie ein, sich unter ein Kreuz zu setzen und einfach zu schauen und immer wieder zu hören: „Vater, vergib ihnen, denn sie wissen nicht, was sie tun…" Immer wieder…

Wieviele Gedanken sind in meinem Herzen, mein Gott, die Zerstörung säen. Den Zorn spüre ich, die Kälte, die Wut, den Drang zurückzuschlagen. Ich lasse alles zu, aber es erleichtert mich nicht. Ich will den, der mich verletzt hat, in Schutz nehmen vor mir. Ich will verstehen, seine Bedürftigkeit wahrnehmen und mich erinnern, was ich ihm alles verdanke. Ich will verzeihen. Ist meine Liebe so kraftlos, daß sie sich nicht verletzen lassen kann? Und habe nicht auch ich verletzt? Ich will nicht zulassen, daß das Unversöhnliche Wurzeln schlägt in mir. Gott, der du reich bist an Verzeihen, heile uns wieder und bringe uns neu auf den Weg zueinander und zu dir, heute und alle Tage. Amen.

Aus: Sabine Naegeli, Die Nacht ist voller Sterne. Freiburg i. Br., [13]1997, 80 f

11

Das Kreuz des Lebens

An manchen Orten läuten in christlichen Gegenden freitags um 15 Uhr die Glocken. Sie erinnern an eine unendlich wichtige Stunde in der Menschengeschichte. Denn an einem Freitag hat das Kreuz Jesu auf Golgota gestanden. Dieses Kreuz hat seinen Schatten geworfen auf alle Zeiten vor ihm und nach ihm. Es steht in der Mitte der Zeiten. In unserer Kultur zählen wir die Jahre vor und nach Christus. Nicht nur zeitlich, sondern auch räumlich steht das Kreuz in der Mitte der Welt. Zu diesem Ort führen die Wege der Welt, immer und immer wieder. Der Leitspruch der Kartäuser lautet: „Stat crux, dum volvitur orbis" – Das Kreuz steht, während die Welt sich dreht. Das Kreuz bildet die Achse, das Zentrum. Jeder begegnet dem Kreuz. Man kann allerdings auf viele Weisen reagieren: Was ist meine spontane Reaktion, wenn ich ein Kruzifix sehe? Eine gute Frage – mit einer enthüllenden Antwort? Geht es da um eine Einschätzung des künstlerischen Wertes – ist das meine erste Reaktion? Romanisch oder barock; stilvoll oder kitschig? Oder denke ich an Jesu Schmerz und Agonie? Denke ich an die Grausamkeit dieser schändlichsten aller Hinrichtungsarten der Antike? Denke ich an Jesu Hingabe? An seine Liebe? Was ist mein erster Gedanke, wenn ich ein Kruzifix sehe? Das sagt etwas über mich selbst.

Es gibt eine ganze Skala von Reaktionsmöglichkeiten, und zwar nicht nur auf das Kruzifix als Bild, sondern auf das Kreuz als Wirklichkeit, damals, als Jesus daran starb, und heute, wenn es in unser Leben kommt. Da gibt es erbitterte Ablehnung, gelähmte Stummheit. Da gibt es inbrünstige Kreuzesliebe – „Meine Liebe ist gekreuzigt" – und alles, was dazwischenliegt. Das Kreuz war von Anfang an der Ort, an dem die Geister sich scheiden. Der eine Schächer bittet um das Geschenk der Versöhnung, und der andere ist voller Bitterkeit – dieselbe Lage, rechts und links von Jesu Kreuz. Die einen spotten und fordern Jesus auf herabzusteigen. Ein anderer, der römische Hauptmann, bekennt: „Wahrlich, dieser Mann war Gottes Sohn!" (Matthäus 27,54).

Wir kommen am Kreuz nicht vorbei. Unsere Reaktion ist entscheidend. Im März 1996 wurden in Algerien sieben Trappisten grausam ermordet. Bischof Pierre Claverie hat bei der Beerdigung der Ermordeten eine Predigt gehalten. Dieser Bischof wurde wenige Monate später selber auch Opfer eines Attentats derselben moslemischen Fundamentalisten. Als er predigte, stand er kurz vor seinem eigenen Tod. Ob er es bereits ahnte? In dieser Predigt sagte er: „Mangelnde Nähe zum Kreuz hat einen Substanz- und Energieverlust des Christentums zur Folge. Die Lebendigkeit der Kirche, ihre Fruchtbarkeit und ihre Hoffnung haben dort, in der Nähe des Kreuzes, ihren Nährboden und ihre Wurzeln. Nirgendwo sonst! Alles andere ist zweitrangig, bedeutet Selbsttäuschung und streut Sand in die Augen. Die Kirche täuscht sich selbst und andere, wenn sie so tut, als wäre sie eine weltliche Macht, eine humanitäre Organisation unter anderen humanitären Organisationen, oder ein Evangelisations-Unternehmen mit spektakulären Begleiterscheinungen und Effekten."

Das Kreuz ist die Mitte der Zeiten und die Mitte der Kirche. Nur aus ihm erwächst unsere Fruchtbarkeit. „Meine Liebe ist gekreuzigt." Glaubende sind jene, die in diesem gekreuzigten Menschen den Sohn Gottes erkannt und seine Liebe bis zum äußersten gespürt, ihre große Liebe gefunden haben.

Das Kreuz – die Mitte der Welt. Cyrill von Jerusalem sagte: „Gott breitete seine Arme aus am Kreuz, um die Enden der Erde zu umarmen": ein Ausspannen in alle

Weltdimensionen hinein, ausgespannte Arme, die alles und alle umfangen wollen. „Gott spannte am Kreuz die Arme aus und umfaßte den Erdkreis, um vorauszudeuten, daß vom Sonnenaufgang bis -niedergang ein kommendes Volk sich unter seinen Flügeln versammeln werde" (Laktanz).

Immer steht die ganze Welt auf dem Spiel. Im Johannesevangelium finden wir einen merkwürdigen Passus: Als der Hohe Rat über den Tod Jesu entscheidet, spricht einer von ihnen, Kajafas, der Hohepriester jenes Jahres: „Ihr versteht überhaupt nichts. Ihr bedenkt nicht, daß es besser für euch ist, wenn ein einziger Mensch für das Volk stirbt, als wenn das ganze Volk zugrunde geht." Dazu gibt Johannes eine Erläuterung: „Das sagte er nicht aus sich selbst, sondern weil er der Hohepriester jenes Jahres war, sagte er aus prophetischer Eingebung, daß Jesus für das Volk sterben werde. Aber er sollte nicht nur für das Volk sterben, sondern auch, um die versprengten Kinder Gottes wieder zu sammeln" (11,49–52). Unter jedem Kruzifix sollte ein Globus stehen.

„Christus will ich erkennen und die Macht seiner Auferstehung und die Gemeinschaft mit seinen Leiden. Sein Tod soll mich prägen" (Philipper 3,10). „Ich will mich in nichts anderem rühmen als im Kreuz Jesu" (Galater 6,14). Eindrucksvolle Worte des Paulus; aber so zu sprechen ist in der Wirklichkeit des Lebens nicht leicht. Da kann das Kreuz auch Verbitterung wecken und Zorn und Trauer; dann sehe ich in ihm auch das Unrecht.

„Wenn einer mir vorausgesagt hätte, was ich erfahre mit dir, mein Gott, ich hätte es abgetan als Schwärmerei. Jetzt noch, da es meinen ganzen Menschen ergreift, übersteigt es mein Verstehen. Ich gehe durchs Feuer, und es verbrennt mich nicht. Ich gehe unter schwerer Last, und sie erdrückt mich nicht. Was ich voller Angst fürchtete, ist geschehen, und dennoch kann ich leben. Du bei mir – und ich kann die Ungewißheit aushalten, den Schmerz annehmen. Ich Ungeduldiger kann zuversichtlich warten, mich und alles Meine ganz aus der Hand geben. Du kämpfst ja für mich. Wie ein Siegel soll dein Tun seine Spur hinterlassen in meiner Seele, daß ich nie mehr vergesse, was du vermagst" (Sabine Naegeli, aaO., 106 f).

So spricht jemand, der das Kreuz erfahren und es angenommen hat, der ja gesagt hat. Aber wieviele sagen nein und sind unzufrieden, verlieren sich in Selbstmitleid, verlieren die Perspektive, kapseln sich ab in Bitterkeit. Daß Gott sich in einem Gekreuzigten endgültig offenbart hat, ist tatsächlich allen menschlichen Erwartungen zuwider. Dietrich Bonhoeffer sagte: „Alle Religionen erwarten einen mächtigen Gott." In der protestantischen Theologie, vor allem in der Schule von Karl Barth, wird ein großer Unterschied gemacht zwischen Religion und Glaube. Religion ist das Höchste, was ein Mensch erreichen kann, – der Mensch auf seinen Zehenspitzen. Glaube dagegen kommt von Gott, ist göttlich und dem Menschen von sich aus unerreichbar. Glaube wird uns von Gott geschenkt. Diese theologische Tradition sieht einen tiefen Graben zwischen Religion und Glaube.

Wenn Bonhoeffer z.B. über ein religionsloses Christentum redet, dann meint er den reinen Glauben ohne Religion in besagtem Sinne. Im gleichen Sinn sagt er auch – und darin hat er ohne Zweifel völlig recht: „Alle Religionen erwarten einen mächtigen Gott", einen Gott, der uns immer hilft, der uns die Mühen des Lebens zwar nicht erspart, aber doch leicht macht. Der Glaube ist der größte Kontrast zur Religion. Die Religion erwartet einen mächtigen Gott. Der Glaube bringt uns einen gekreuzigten Gott: „für Juden ein empörendes Ärgernis, für Heiden eine Torheit" (1 Korinther 1,23). Dieser Glaube ist Gnade, eine eingegossene Tugend, die wir aus eigener Kraft nicht erwerben können.

Wie die Synoptiker kennt Johannes drei Leidensankündigungen Jesu, allerdings in einer ganz eigenen Sicht. Die zweite lautet: „Jesus sagte zu den Juden: Wenn ihr den Menschensohn erhöht habt, dann werdet ihr erkennen..." – die Einheitsübersetzung sagt: „...daß Ich es bin" (8, 28). Aber man kann das „es" auch streichen und genausogut übersetzen: „... daß Ich bin." Im Griechischen steht da: „... ego eimi". Man kann also hören: „Wenn ihr den Menschensohn erhöht habt, dann werden ihr erkennen, daß Ich bin." Und im „Ich bin" klingt der Name Gottes „Jahwe" („Ich bin der Ich-bin-da") durch. Das klingt wie ein ungeheures Paradox! „Wenn ich am Kreuz sterbe wie ein Wurm, kein Mensch mehr, dann werdet ihr in mir den unaussprechlichen Gott erkennen."

Das eigentlich Unfaßliche ist, daß es immer wieder passiert, daß Menschen in diesem Gekreuzigten Gott finden. Auch zwei hochintelligente Jüdinnen unseres Jahrhunderts haben diese Gnade erfahren: Simone Weil und Edith Stein. Sie haben Jesus als Gott gefunden am Kreuz, ausgerechnet am Kreuz. Simone Weil schreibt in einem Brief an Pater Perin, ihren geistlichen Begleiter und Freund: „Der gute Hafen ist für mich, wie Sie wissen, das Kreuz. Wenn es mir nicht eines Tages gewährt werden kann, daß ich verdiene, am Kreuz Christi teilzuhaben, so wenigstens an dem des guten Schächers. Christus ausgenommen, ist unter allen, von denen im Evangelium die Rede ist, der gute Schächer bei weitem der, den ich am meisten beneide. Während der Kreuzigung Christi an seiner Seite und in der gleichen Lage wie er gewesen zu sein, scheint mir ein viel beneidenswerteres Vorrecht, als zu seiner Rechten zu sitzen in seiner Herrlichkeit" (Brief vom 16. 04. 1942). Dies ist keine Schwärmerei. Simone Weil hat es mit dem Leben bezahlt.

Auch Edith Stein hat im gekreuzigten Jesus Gott entdeckt oder besser: wiedergefunden. Seit 1916 war Edith Stein Assistentin bei dem Philosophen Edmund Husserl in Freiburg. Im November 1917 fiel der Göttinger Philosoph Adolf Reinach an der Front in Flandern. Edith reist von Freiburg nach Göttingen, um an der Beerdigung teilzunehmen und der Witwe Anna Reinach ihr Beileid zu bezeugen. Das Letzte tut sie schweren Herzens, weil sie als Atheistin sich zu keinen tiefgreifenden Worten des Trostes imstande sah. Es sollte aber genau umgekehrt kommen. Frau Reinach hat in ihrer Trauer Edith Stein etwas vom Trost des christlichen Glaubens vermittelt. Später, als Karmelitin, spricht Edith Stein über diese Erfahrung mit den Worten: „Es war dies meine erste Begegnung mit dem Kreuz und der göttlichen Kraft, die es seinen Trägern mitteilt. Ich sah zum ersten Mal die aus dem Erlöserleiden geborene Kirche in ihrem Sieg über den Stachel des Todes handgreiflich vor mir. Es war der Augenblick, in dem mein Unglaube zusammenbrach und Christus aufstrahlte, Christus im Geheimnis des Kreuzes." Der Augenblick, in dem mein Unglaube zusammenbrach; meist hört man: Der Glaube brach zusammen. Aber sie sagt: Mein Unglaube brach zusammen. Später im Karmel hat sie dann auch ihren Namen an das Kreuz gelehnt: Teresa Benedicta a Cruce – Gesegnet vom Kreuz.

Zwei Menschen für viele, die in diesem Gekreuzigten den Sohn Gottes erkennen. „Wenn ihr den Menschensohn erhöht habt, dann werdet ihr erkennen, daß Ich bin." Eine tiefe Antwort auf das Kreuz.

Jesus hängt da ausgeschlossen von der Erde, die ihn wegstößt, zu der er nicht mehr gehört, und ausgeschlossen aus dem Himmel, zu dem er auch nicht mehr gehört, weil er ganz zur Sünde geworden ist: „Gott hat den Sündelosen für uns zur Sünde gemacht" (2 Korinther 5,21), ein dunkles Geheimnis. Und – ein Wurm, kein Mensch mehr.

Er hängt da, der freieste Mensch, völlig gebunden, ja, festgenagelt. Er hängt da unter unsagbaren Schmerzen. Alles ist ihm genommen:
– seine Kleider, der einzige Besitz, den er hatte;
– seine Würde, denn er hängt da nackt am Kreuz;
– seine Gesundheit ist in zwölf Stunden völlig zerstört;
– sein Ruf ist vernichtet – es ist noch nicht so lange her, als man ihn bewunderte und verehrte;
– seine Glaubwürdigkeit hat er verloren, sagt doch die Schrift: „Verflucht ist jeder, der am Pfahl hängt" (Galater 3,13; nach Deuteronomium 21,23). Und da hängt er. Das ist der große Triumph der Pharisäer! Dieser Text aus Deu-

teronomium ist die biblische Bekräftigung ihres Siegesgefühls;
– seine Freunde, seine Jünger, alle verließen ihn und flohen;
– seine Mutter, sein letztes Vermächtnis – sie hat er uns anvertraut und uns ihr;
– sein Vater, vielleicht das Schlimmste, nein, nicht vielleicht, sondern sicher das Schlimmste: „Gott, mein Gott, warum hast du mich verlassen!" (Markus 15,34).

Absolute Leere, Entäußerung.

Wenn wir über Einsamkeit klagen, dann ist sie nur ein Schatten dieser Einsamkeit.

Jesus hängt zwischen Erde und Himmel. Er tritt den Übergang an
– vom Heiler zum Verwundeten;
– vom mit-leidenden Menschen zu dem, der auf Mitleid angewiesen ist;
– von dem, der ausruft: „Wer Durst hat, komme zu mir und trinke", zu dem, der ausruft: „Ich habe Durst";
– vom Verkünder der frohen Botschaft an die Armen zu dem, der selbst arm ist.

Jesus überschreitet die Grenzlinie der Menschheit, die die Satten trennt von denen, die zerbrochen sind und vor Not aufschreien (vgl. Jean Vanier, Heile, was gebrochen ist. Freiburg i. Br. ²1991, 66).

Jesus am Kreuz gehört weder zur Erde noch zum Himmel und schlägt gerade so die Brücke zwischen beiden. Alles ist gegen ihn. Das dunkle Übel in der Welt, das Böse macht eine Faust und schlägt ihn ans Kreuz. Aber gerade da ist er – was die Fokolarini „parola spiegata" nennen – das völlig ausgefaltete Wort des Vaters, das Wort ganz und gar ausgesprochen. Schon die Körpersprache ist da ausdrucksstark. „Das Wort ist Fleisch geworden." Man kann sehen, was das Wort zu sagen hat, kann die Botschaft des Wortes hören und schauen. Es ist eine Botschaft der Liebe. Jesus, der die Seinen, die in der Welt waren, liebte, ging in seiner Liebe bis zum äußersten, sagt Johannes (13,1): beim Beginn des letzten Abendmahles und der ganzen Passion. Das heißt, ich schaue nur christlich gläubig auf die Passion, wenn ich immer wieder und auch in jedem Detail diese Liebe bis zum äußersten wahrnehme, Liebe bis zum äußersten und in allem.

Ich möchte dies in zwei Richtungen zuspitzen: Das Kreuz sagt mir zunächst, wie sehr ich geliebt bin, wie kostbar ich bin in Gottes Augen. „Nur schwerlich wird jemand für einen Gerechten sterben; vielleicht wird er jedoch für einen guten Menschen sein Leben wagen. Gott aber hat seine Liebe zu uns darin erwiesen, daß Christus für uns gestorben ist, als wir noch Sünder waren." Und weiter: „Er hat seinen eigenen Sohn nicht verschont, sondern ihn für uns alle hingegeben. Wie sollte er uns mit ihm nicht alles schenken?" (Römer 5,7 f; 8,32).

Die Menschen unserer modernen, technisierten und vielfach kühlen Welt sind sehr stark auf der Suche nach Identität: Wer bin ich? In diese Frage wird viel investiert. Eine Psychoanalyse beispielsweise ist ein sehr intensiver Prozeß, sich selbst auf die Spur zu kommen. Vielfältige Arten von Trainings, Seminaren und Workshops dienen dem gleichen Ziel. Die Grundstrukturen der Psyche, die Archetypen, wie C. G. Jung sie beschrieb, können manches offenbaren von den Hintergründen der Persönlichkeit. Ebenso kann das Enneagramm helfen, besser zu verstehen, wer ich bin.

Vom Kreuz Jesu kann ich noch Wesentlicheres lernen: wie kostbar ich bin in Gottes Augen. Wenn mich vielleicht Minderwertigkeitsgefühle plagen, kann ich geheilt werden: beim Kreuz Jesu. Denn da wird mir gezeigt, wie wertvoll ich bin. Wenn ich Schwierigkeiten habe, mich selbst anzunehmen – Selbstannahme ist eine hohe Kunst –, kann ich hier diese Kunst lernen. Denn da zeigt mir Gott in der Person Jesu, wie unendlich kostbar und geliebt ich bin. In der Psychoanalyse geht man immer weiter zurück in die Jugend, in die Kindheit und womöglich auch in die pränatale Phase, vor der Geburt. Ich denke: Wir könnten noch ein Stück weitergehen, dorthin, wo ich